湛庐文化 Cheers Publishing
a mindstyle business
与 思 想 有 关

THOMAS
H. DAVENPORT

全球顶尖
商业思想家

托马斯 · 达文波特

B.

DATA

全球商业界炙手可热的

数据分析之父

G

在商业界，曾有这样一句至理名言：如果你问一位CIO，今时今日数据对其企业的意义，那么他会很愿意跟你谈谈“数据分析竞争法”的必要性，以及快速做出正确决策的重要性。这句话源于一本叫作《数据分析竞争法》（*Competing on Analytics*）的著作，随着这本著作诞生的还有两个超级火热的概念：一个是“数据分析竞争法”，一个是“大数据”。

站在这两个惊世概念背后的是一位名叫托马斯·达文波特的数据分析师。这位出生于1954年10月17日的美国人，毕业于哈佛大学，曾经先后在哈佛商学院、芝加哥大学和波士顿大学任教，还曾经担任过埃森哲战略变革研究院主任，美国知名商学院巴布森学院著名教授，对知识管理有深入的研究。

如果在全球数据分析师领域进行一次排名，达文波特无疑会成为很多人心中的榜首。在商业分析领域摸爬滚打的35年里，达文波特没有一丝懈怠，多次领先创立顶尖的数据分析法，比如数据分析DELTA模型、成为数据分析师的三原则等。他知道，领先的企业不仅是在收集和存储大量的数据，而且围绕着由数据引发的新观点制定竞争战略，这会使企业获益无穷。

如今，虽然他已经年过花甲，但仍然神采奕奕，一直在从事自己认为最性感的工作——数据分析。他是今时今日大数据时代当之无愧的数据分析之父。

BIG DATA

3次预见商业拐点的

大师级玩家

BIG

从小决策到大决策

很高兴获悉我与布鲁克·曼维尔合著的《大决策》一书中文简体字版将要面世。在创作这本书时，我们并没有想将之限定在某个特定的社会背景或者地理范围内。不过，因为我二人皆为土生土长的美国人，所以在考虑决策制定时，潜意识里可能会带有一些偏见，而本书主要谈论的就是决策制定。当然，书中大部分内容都是以美国为背景，虽然我们也曾走进古老的希腊、印度，以及分支遍布全球的跨国企业进行过探寻。

即便如此，我也认为书中所述的决策制定方法其实是很符合中国的传统哲学思想的。例如，我们提出的其中一个观点是，可以通过多种多样的途径制定出有效决策。根据具体情况，决策可以基于分析、讨论、共识、集体智慧、已有的知识和组织智慧来制定。

这种多元化的决策制定方法是一种好办法，不过，它并非是一个新观点。大约在2 500年前，孔子有云：

言之，吾听；示之，吾明；行之，吾知之矣。

现在，智慧进阶的途径变得更加多样化了，因为我们拥有许多孔子不曾拥有的工具，而这些工具能推动良好的决策制定。孔子不曾拥有大数据、分析学知识、社交媒体或者知识管理系统。这些工具正在改变当代的决策制定过程，聪明的决策者应该让它们为己所用。

在我和曼维尔创作这本书时，大数据刚刚起步。从那时起，我就对大数据进行了广泛的研究，而且我相信，如果孔子还在人世，他必然会赞成将《大决策》一书作为决策指南。孔子有云“温故而知新”，大数据和数据分析正是系统地研究过去数据的一种方式。我发现通常很难得到未来的数据。

大数据正在从多方面改变着决策制定。传统的“小数据”分析的主要目的是支撑组织的内部决策，如我们在本书中讨论过的用数据分析提升夏洛特 - 梅克伦堡学区（Charlotte-Mecklenburg Schools）的学生成绩。在商业领域，企业经常将数据分析用于市场营销这一块，以决定应该给客户呈现什么样的产品和服务。当然，它们也想通过确定哪些客户最有可能马上流失，了解并限制客户流失。通过分析制定决策也可用于供应链管理，如仓库里应该储备多少库存。定价是另一个从传统数据分析中受益颇多的关键领域，企业通过数据分析来确定究竟什么样的价格才会带来最高利润。虽然几十年来数据分析在这些领域的决策制定过程中发挥了良好作用，但随着组织获得更大体量且非结构化的大数据，这些决策领域将会得到进一步完善。

许多企业正在寻求将新的、非结构化的数据源运用到决策制定过程中的方法。例如，一家大型跨国医疗保险公司利用大数据解决客户满意度和客户流失的问题。许多公司都使用小数据来衡量和分析这一重要因素，但很多有关客户满意度的数据是非结构化的，特别是录制的客户打电话到呼叫中心的语音文件。在美国，客户满意度对医疗保险公司越来越重要，因为它受到州和联邦政府人员的监测。过去，从客户来电中提取出的宝贵数据无法进行分析，然而现在，保险公司可以将其转变成文字，然后用“自然语言处理”（NLP）软件对其进行分析。通过分析，企业可以识别哪些客户使用了表达强烈不满的言辞，虽然语言变幻莫测，搞懂每句话所包含的情绪并非易事。然后，保险公司就可以对这些客户进行某种形式的干预，也许是打个电话询问客户对哪里不满意。虽然在如何识别不满意的客户这方面，该决策与过去并无二致，但我们现在拥有更多不一样且用处更大的工具。

我知道有三家大型银行也在使用大数据了解以前未知的客户关系，并基于此做出更好的决策。银行业以及其他行业，包括零售业，面临的最大挑战就是要了解多渠道的客户关系。它们跟踪客户、网站、呼叫中心、柜台以及与其他分支机构的人员交互的“轨迹”，来了解客户在银行经历了什么样的流程，而这些流程何以会造成摩擦或影响客户对特定金融服务的购买情况。

多渠道客户“轨迹”的数据源是非结构化的或是半结构化的，包括网站的点击次数、交易记录、银行承兑票据和呼叫中心的录音。这个数据量相当大，其中一家银行就有 120 亿行数据。另外两家银行都开始认识到共同的轨迹，并用段名对其进行描述，确保与客户的互动是高质量的，并将相关轨迹与客户呈现的机遇和问题相联系。对这一系列交互和关系进行的分析非常复杂，不过，它在决策方面的潜在回报是很高的。

大数据的商业决策也可能涉及其他传统领域的数据分析，如供应链、风险管理或者定价。使用外部数据提升分析，使得这些问题变成大数据问题，而不再是小数据问题。例如，在供应链决策方面，企业正在越来越多地使用外部数据来衡量和监控供应链的风险。供应商的外部数据源可以提供有关供应商的技术能力、财务状况、质量管理、交货的可靠性、天气和政治风险、市场信誉和商业惯例等相关信息。最先进的企业不仅监测自己的供应商，还会监测供应商的供应商。

通过监测其他形式的风险，企业可以监测互联网上的数据源。大数据企业 Recorded Future 就是在帮助其客户做这件事情。其政府情报机构监测恐怖嫌疑人、示威或暴乱以及政府骚乱，其安全部门的客户监测抗议或政治动荡，市场营销部门的客户监测可能影响需求的行为、事件或者预测。竞争和市场情报的获取曾经是一种相当直观的行为，但大数据正在改变这一做法。肖恩·古尔利（Sean Gourley）是大数据公司 Quid 的创始人，该公司监测互联网上的技术发展活动。古尔利曾告诉我："用不了多久，不考虑互联网上关于你的市场和竞争环境的大数据的行为，就会被视为是战略性失误。"

定价是企业运用分析的早期领域，而且取得了相当大的成功。例如，现在几乎所有的航空公司和连锁酒店（包括在中国）都在使用定价优化工具，以确定一个座位或一间房的最佳价格。定价优化最初是基于某件商品历史销售价格的内部结构化数据，而这仍然是一个关键因素。不过，现在定价优化常将外部的、非结构化的数据导入算法中。例如，石油行业中的一个定价优化项目可以在定价算法中结合气象数据（这会影响消费者的需求）和同行的价格，而这些数据通常可以从互联网上爬取。

显然，大数据变革决策制定还处于起步阶段。我毫不怀疑，这将在各行各业以及众多企业内催生出大决策。然而，我们必须清楚，大数据技术本身并不会改变决策过程。就像此书中的示例所呈现的，大数据驱动的大决策还需领导力的启发和帮助、文化和行为的改善以及业务流程的重塑。要拥有良好的判断力和智慧，人才和技能二者缺一不可。我相信，如果孔子尚在人世，也当如此警醒我们。

做一件正确的事对企业来说为何如此之难

劳伦斯·普鲁萨克
知名企业管理顾问

在一本讲述决策故事的书的开头，让我先来说说这本书背后的故事。2010年春的某一天，达文波特与我共进午餐。当时，我们并没有开始任何新项目的打算，只想赶上形势。由于当时风行的两则灾难性新闻——全球经济衰退带来的持续性消极影响，以及英国石油公司（BP）位于墨西哥湾的钻井平台“深水地平线”（Deepwater Horizon）的剧烈爆炸，导致我们的对话不断地绕回到一个问题上，那就是：**做一件正确的事对企业来说为何如此之难。**

我们两人一起进行研究工作长达20年，对此我们很是自豪。我们关注企业拥有的知识，而不是随处可见的信息技术和数据管理问题，至少在管理思维、管理会话和管理行为的问题上做出了重要贡献。**知识是现代企业最宝贵的资产，而一个企业的成功依赖于它对知识积累、分享和运用的重视。**

不过，我们不得不承认，世界现在面临的灾难并不是由知识的失败导致的，而且和知识一点儿关系也没有。有谁比那些促成那次金融危机的公司的员工更了解金融？那些公司里有的是与世界领先经济学家和金融学教授们一起学习、交流的常春藤盟校的名校毕业生。有谁能说他们没有足够的知识？又有谁比那些组织管理者更了解如何控制运营风险？这些组织管理者通常就来自其所管理的企业，他们不仅拥有解析复杂金融结构所必须的智能工具，也熟知它们的运用之法。但所有这些知识，这些企业在人力资源上大笔投资的成果，使我们集体遭遇了经济危机。那么，如果既不是信息也不是知识，我们缺少的到底是什么呢？**决策能力，或许便是这个问题的答案。**

很快，我和达文波特就邀请曼维尔加入了这场讨论。我们与曼维尔是多年的朋友和同事，他一直在思考这些问题也就毫不令人意外了。我们都对已出版的关于决策的著作有些许了解，然而，这些著作不是很受欢迎，并非内容不够充实，或是因为这些教训没能引起人们的关注，又或是这些著作为现代企业提供的教训不尽如人意。

我们发现，大量已出版的关于决策的著作认为决策仅出自个人的能力和行为。无论是古代的如亚里士多德对“实践智慧”的追问，或是现代的如丹·阿雷利（Dan Ariely）令人着迷的行为经济学研究，他们关注的都是单个的行为人以及他采取明智行动的能力。同时，大多数关于决策的著作混淆了决策和决定的概念，这对前者非常不利。决策问题被人们削弱，他们对决策的认识基于以下两种：或是将其看作数学应用，这主要是受霍华德·雷法（Howard Raiffa）的影响；或是将其看作个体心理学的分支，这主要是基于赫伯特·西蒙（Herbert Simon）的认知心理学。

换句话说，我们发现，还没有人真正关注过我们所说的组织决策，即在需要超出领导者直接控制的许可范围时，做出正确决策和明智行动的集体能力。我们想知道，为什么一些企业能够做出好决策而另一些却不能。如果集体决策能力不是集体中个人实践智慧的总和，那究竟是什么，以及如何在需要的时候获取并获取更多。

简而言之，**组织决策相对于集体决定就像个人决策相对于个人决定**。当仅凭信息无法引导一家企业时，组织决策能够引导企业前行。产生集体决定的环境有：集体经验、偏见和信念导致的界限、限制、分析方法、特定的对话和词汇，以及对很多决策有重大影响的故事。

回想一下你近期参与的一个决策，无论它是否只与你自己的人生有关或是一个集体决策，这个决策都不是在真空环境中做出的。我敢打赌，如果是研究晶体结构，你绝没想过要用笛卡尔纯度、绘图坐标，或是一些毫无关联的因素来解决问题。你是在社会环境中做出决定的。每家企业所处的环境各不相同，而这正是《大决策》这本书的重点。在任何企业中，所有的经验、情感、历史和个人故事形成了“舆论环境”，这也是决策形成的基础。

我和曼维尔、达文波特都认为，这是一个未知的领域，值得探索。我们一致认为，研究的第一步是去外面与实实在在的人交流，看看他们的企业是如何做出决策的。拜访了这些人之后我们意识到，分享我们所学的最好方法，是将我们听到的故事尽可能多地与这些人分享交流。

我个人的参与是写作本书的一个转折点。在开始实地调查后不久，我就病了一段时间，我意识到自己无法独自完成所有的研究和写作。这虽然是一个艰难的决定，但最终证明这个决定是正确的。这篇前言是为了感谢达文波特和曼维尔对我的理解与支持，以及他俩在后面篇章中的研究与发现。

达文波特和曼维尔的调查传达了一个重要信息：**做出组织决策的背景和环境不仅是可以辨别的，还是可以管理的**。虽然可能并不像有些人期望的那么多，但确实是有意义的。我们能做一些事来保证企业采取的行动更贴合实际，并拥有判断对错的共同意识。达文波特和曼维尔还找到了证据支持我们曾有所怀疑的问题：**优化组织决策意**

味着创造一种流程和机制，这种流程和机制允许讨论、辩论和对话发挥其集体力量。

我可以很自豪地说，我走在这个重要学科的前沿。在如何做出最优决策的理论进程中，我们已经见证了三个时期。在第一个时期，“伟人”学派思想盛行，达文波特在第 1 章很好地总结了这个愚蠢的理论。根据该学说，决策显然是至关重要的，但决策能力被认为是个人特质。的确，这是一个可以将真正的伟人与普通人区分开来的特质。

后来出现了对这种思想的纠正，也标志着第二个时期的到来。做出正确决策的关键是与决策相关的更加丰富的信息，其后的关键是让处理大量潜在相关数据成为可能的一项动人技术。在分析学上的投资获得了丰厚的回报，然而，这也显示出不是所有细微的决定都只依靠数字做出。

越南战争的缔造者罗伯特·麦克纳马拉（Robert McNamara）于 2009 年逝世时，我们又想起了这个教训，他非凡的事业引起了我们的诸多思考。从很多方面来说，麦克纳马拉都被当作第二次世界大战后世界上常见的决策者的象征：才智超群、追求卓越，但过于相信理性分析能解决一切问题。以他为首的团队充斥着被称作“神童”的人，他们在越南战争中运用运算分析解决逻辑问题时机智敏锐。除了麦克纳马拉轻视决策重要性的倾向外，他的工作环境，先是福特汽车公司，接着是美国国防部，然后是世界银行，都没有真正意识到，决策是一种可以加强并有意识地行使的能力。因此很可惜，这些环境中实际上没有可以系统地挑战决策的机制或流程。这些决定实际上是决策，而且是糟糕的决策。我们都知道，麦克纳马拉一直在试图弄清楚，他理性支持的行动是如何导致这些损失和惨剧的。终于在晚年，他明白了自己犯下的错误。

麦克纳马拉被高度曝光的错误并不是数据和信息技术时代的丧钟。诚然，这些领域先进的东西应继续发展，因为，通常来说决策受益于更好的数据基础。同时，人们也越来越多地意识到，并不是参与人类决策和行动的每一个环节都能用数据表达。**知**

识大多是隐形而有生命力的，不受具体数据库的束缚。后来人们意识到，这并不意味着知识就因此不可管理。第三个时期终于到来了。

如今，我们看到了第四个时期到来的曙光，我们开始思考组织决策，认识到决策的重要性。有了知识和更重要的信息并不意味着决策变得重要了，决策一直都很重要。我们也有所突破，决策成了可以分析并值得讨论的问题，甚至在组织层面也是如此。

显而易见，有史以来，人们很少在学院和企业里谈论决策，其中一个原因是很难选定正确的“分析单位”，而这是一个项目的基础。决策的性质问题让人难以捉摸，相关类型的分析文献也解答不了这个问题，这个问题应该得到专业的回答。目前的研究更多地关注个人决定，因为比较好研究。

研究组织决策的另一个难点是找出区分好决策和坏决策的证据。正如一句谚语所说:“成功有无数个父亲,失败则是一个孤儿。”从系统角度而不是个人主义的角度来说，找到一个生动的例子非常困难，比起“我们真的需要检讨一下自己的决策能力是如何导致失败的”这种话，说“前首席执行官太愚蠢了”要容易得多。

由于该领域缺乏通用的词汇和体系，要找到能够谈论自身决策能力和自身是如何发展的企业很难。做出好决策的企业和团队通常说“凭直觉”，他们不是无意识地遵循传统做法，就是采取有意识的行动，但也不是有意识地使用决策语言。

我们希望《大决策》这本书是克服这些难题的开端，也希望这不会是谈论组织决策的最后一本书。事实上也不能说这是第一本。熟知詹姆斯·马奇（James March）著作的人都知道，他已涉足这个领域。他建立的组织决策模型综合了决策建模与人类常识。比起讲述那些获得好结果的决策故事和使其成为常规而不是特殊事件的能力，我们更希望向你们介绍一个新的研究领域，这个领域充满了现在还未被传授，但却是人们急需的概念和实践。

JUDGMENT

CALLS

—— 目 录 ——

伟人与不那么伟大的决策

人类事务比我们所承认的更依赖于伟大的决策。在这个数据丰富、分析技术发达的时代，许许多多的决策迫使人们利用自己积累的智慧来做出正确的判断。有些时候是因为绝对正确的答案我们无从知晓，手上的问题涉及未来，充满了不确定性；有些时候是因为优化解决方案需要获取足够的信息才能得出，但情况的紧迫导致它无法按时完成。还包括其他情况，比如，冲突的价值观搅局，权衡难以量化。

随着社会和企业经历翻天覆地的变化，我们认为这些条件将比以往更经常地被应用到决策中，更多的决定也将被归结为决策。

问题是，我们如何确保那些决策是正确的？只要选择那些将群众利益放在心上的聪明领导者，相信他们的智慧就足够了吗？

看一下企业的兼并与收购这样简单的例子，我们就会发现：答案是否定的。在这个领域，企业领导者在做有关最多股权的决策时，几乎不参考他人的意见，而结果也很少能证明决策流程是正确的。据可靠研究的估算，50% ~ 70% 的并购交易没能实现它们原本的目标，有很多交易甚至彻底摧毁了企业价值。在着手写一本关于在某些情况下如何做出好决策的书时，思考一下在并购决策过程中为什么决策如此不可靠或许有帮助。

以 2000 年时代华纳公司首席执行官杰里 · 莱文（Jerry Levin）兼并美国在线公司（America Online）为例。20 世纪 90 年代，美国在线曾是一家成功的网络服务供应公司，但到了 2000 年，这家公司已经有些过时了。时代华纳是一家拥有不多在线资产的综合型媒体，大多数人认为，它必须拥有网络相关业务以和其他公司竞争。

莱文与美国在线创始人兼首席执行官史蒂夫 · 凯斯（Steve Case）开始交涉后，几乎没和管理团队中的其他人讨论过。莱文以其特立独行而出名。他也谨防着董事会对这个决定的过多介入，其部分原因是他与董事会成员泰德 · 特纳（Ted Turner）之间的紧张关系，特纳经营的时代华纳在 1996 年被收购。莱文和凯斯最终谈定的价格为 1 640 亿美元，这在当时是有史以来最大的一笔交易。莱文达成了自己满意的条款，他说服了董事会，甚至劝服了特纳支持收购。

在互联网繁荣时期的动荡市场，交易撮合者通常会在交易中加入“套式交换”，如果一方的股价下跌太多，另一方可以退出。在交易结束前，美国在线的股价几乎每天都在下跌，但莱文既没有寻求也没有获得套式交换。

尽管在合并后，甚至在交易一结束公司的股价就开始下跌，莱文还是将没有套式交换的交易当作一种荣誉与承诺。在此后 10 个月的一次采访中，当时美国在线的股价已经下跌了 38%，莱文被问及此问题时，他这样解释道：

套式交换意味着你不确信，你对估值的承诺没把握，所以需要某种保护。我想说，我相信这笔交易，就是说……无论发生什么，这都是一个绝对的承诺。

毫无疑问，领导者毫不动摇的信心很大程度上安抚了时代华纳的股东们。但到了 2002 年，合并后的公司在一篇报道中声明遭受了 990 亿美元的损失，商誉减值，在当时，这是公司有史以来遭受过的最大的一次损失。莱文在 2002 年被迫辞职，其间特纳的反对声最大。由于美国在线资产的滑落，美国在线时代华纳公司（AOL Time Warner）一直没能得到很好的发展，市值也从 2 660 亿美元下降到了 200 亿美元。最终在 2009 年，美国在线和时代华纳分拆。

这件事一发生，甚至连莱文也认识到了他所做的决策是多么糟糕。2010 年，也就是这场交易的 10 周年时，他承认了错误：

显然，我主导了本世纪最糟的一笔交易。我应该站出来说："我该为此事全权负责。"对于我导致的痛苦和损失，我感到非常抱歉。我会负责。

明白得晚点儿总比不明白好。

在自我膨胀和增压的煽动下，糟糕的收购决策以及付出的代价不断增多，出现了众所周知的"交易热"现象。但有趣的是，独自做出不交易的决定也可能是一个糟糕的决策。想想没能发生的微软公司对雅虎公司的收购。

2008 年之前，微软就已经关注雅虎好几年了，与莱文想收购美国在线的原因一样：微软想要增加一些网络资产。和美国在线一样，雅虎不像以前那样是个好选择了；它名字（Yahoo!）中的感叹号看起来非常愚蠢。微软给出报价时，雅虎的股价低于一年来最高股价的 44%，而且当时还裁掉了 10% 的员工。

从各方面来说（除了显然的一个），微软的报价对雅虎来说非常诱人。2008 年 2 月 1 日，微软以每股 31 美元的价格向雅虎友善地提出收购，总价为 446 亿美元。这个价格比雅虎此前的收盘价高出了 62%。

在这个故事中，莱文的角色由杨致远扮演，他是雅虎的联合创始人之一，在几年前出任了首席执行官。杨致远显然对他所领导的公司非常有信心，因此拒绝了微软前首席执行官史蒂夫·鲍尔默（Steve Ballmer）每股 31 美元的报价。此后，微软将价格提到每股 33 美元，比雅虎之前公布的收盘价高出了 70%。

然而杨致远认为，至少每股再高出 4 美元才是合适的价格。他对自己期望的价格非常有信心，在 31 美元和 33 美元的报价时都没有让高层投票表决。为什么要问公司所有者他们的投资值多少钱呢?

2008 年 5 月 3 日，鲍尔默撤回报价，这可能是他最明智的决定。雅虎的股价暴跌，再也没能从谷底回升到原来的高度。使股价小幅回升的唯一事件是在此次收购案后，雅虎发表声明，卡罗尔·巴茨（Carol Bartz）将接替杨致远成为首席执行官。上任后不久，在美国全国广播公司财经频道的一次采访中被问到是否会接受微软的报价时，巴茨回答道："当然，你觉得我有那么愚蠢吗？"

那些让他们名誉受损的糟糕决策

我们还能举出更多并购决策失败的例子，读者或许也能列举出很多。这些决策如此声名狼藉的原因，是因为它们是使名誉扫地的"大震荡"，通常还导致了管理决策的最糟结果。兼并必须谨慎行事，交易的理论基础植根于未来的发展潜力，而不是过去的经验，也不是基于此的数据。因此，这些决策通常都被委任给单个领导者，他们也因此成为领导者不应该独自行使伟大组织决策能力的最好例子。

在企业中，个人做出的错误决策并不仅限于并购决策。业务和企业的任一环节都可能会出错，只要涉及策略、创新、运营和人力，虽然大部分都是小错误，但有些错误会造成不容忽视的后果。

战略制定往往伴随着更多的糟糕决策，尽管这些有缺陷的愚蠢决策大多从未被曝光过。不做该做的事，即不做糟糕的决策，肯定比做不该做的事多。当糟糕的决策为人所知时，就会极其尴尬。数字设备公司（Digital Equipment Corporation）联合创始人及常任首席执行官肯·奥尔森（Ken Olsen）发现，即便是伟大的领导者，情况也是如此。

奥尔森引领数字设备公司在头 30 年间主导了小型计算机分类市场，成为仅次于 IBM 公司的世界第二大计算机公司，这可以证明他的洞见力。不过，到了 20 世纪 80 年代中期，对很多观察者来说，世界的趋势明显转移到了个人计算机上。

奥尔森却不以为然。他固执地认为，小型计算机在接下来的时期仍然非常重要。他的话现在看来有些可笑：“客户不会想要一个放在桌上的电脑，他们想要放在地上的。”就算人们确实想要台式电脑，奥尔森还是争辩说：“企业里大多数人需要的是终端机。”当奥尔森还在坚持使用数字设备公司专有的 VMS 操作系统时，其他人已经开始使用 Unix 和 Windows 操作系统。

因为有这么一个不听他人意见的领导者，数字设备公司没能维持长久的运营。1998 年，数字设备公司被康柏公司（Compaq）以 96 亿美元的价格收购，远低于其 140 亿美元的年收入峰值。

奥尔森并不是第一个因对自己的直觉和视野过于自信而犯下错误的伟大实业

家。亨利·福特创立了世界上最大也是最成功的汽车公司，尽管他做出过很多正确的决策，但也犯过错误。他完善了装配线，进行了垂直整合，将员工的工资翻倍使其达到每天 5 美元，从而使员工和消费者变得更忠诚。不过，福特也做出了一些糟糕的决策。他停止改进 T 模型，声称该模型“已经完美”，是人们需要的唯一车型。因此，福特汽车公司在 20 世纪 20 年代很快便丢失了市场份额。他决定在巴西雨林预先建造一个工业城市，称之为“福特之城”，意想那会是一个廉价的胎用橡胶产地。不过，根据历史学家格雷格·格兰丁（Greg Grandin）的说法，福特对专家缺乏信任，以致他没向任何一位专家咨询橡胶树的问题。这是一场农业与社会的灾难，它最终以 2 000 万美元的损失出售，烂在了雨林里。最糟糕的是，福特让他的名字被用于反犹事业和争执中，还会见了从德国来的希特勒同伙。

已故的苹果公司 CEO 史蒂夫·乔布斯因其“点金术”在过去 10 年成为当代决策者中广受赞誉的一位，但即使是他，做出的决策也有失误的时候。20 世纪 80 年代，乔布斯雇用了约翰·斯卡利（John Sculley）接替他成为苹果公司的首席执行官。在斯卡利继任的几年中，苹果公司增长缓慢，产品出现问题。乔布斯后来如此评论道：“我有什么好说的，我雇错了人。他毁掉了我花费 10 年心血与其一同努力建立的成果。”在被斯卡利赶出苹果公司时，乔布斯卖掉了他所有苹果的股份，损失了数十亿美元。很少有人会认为他在离开苹果后创办的 Next 电脑公司是成功的。乔布斯回到苹果公司继任首席执行官后，允许了股票期权回溯，用一系列成功的产品挽回了他的名誉。作为公司创始人之一，乔布斯很少做出糟糕的决策，但这并不意味着他不会做出有问题的决策。他能做出好决策的其中一个因素是，在很大程度上，他依靠自己的团队。乔布斯于 2011 年因健康原因辞职后，《纽约时报》发表了一篇文章，这样总结了 1997 年对乔布斯的一次采访：

> 1985 年被迫离开苹果公司之前，早年的乔布斯因过多干涉细节和责备同事而臭名昭著。但后来，在他合作创立皮克斯动画工作室以及回到

苹果公司之后的那段时间，他更多地依靠他人、听取意见、相信设计和业务团队成员。

不完美的伟人理论

无论是谁，只要是人做出的决策，似乎都不堪一击，而且都受到了一定程度的束缚。即使是最伟大的领导者也很难不受自我的影响。现在，神经科学和行为经济学告诉我们，所有人都可能会陷入一种常见的决策陷阱或认知偏见，例如锚定（过度依靠熟悉的但与决策无关的信息）和零风险偏好（过于专注降低小风险而错失了降低更大风险的机会）。一篇文章指出，虽然领导者可以识别他人决策和建议中的认知偏见，却识别不出自己的。

不过，无论犯了多少错误，单个领导者和决策者仍被当作典范，历史仍大肆标榜这些“伟人”。管理理论家们仍旧赞美特立独行的英雄领袖。确实，在“伟人”理论的背后有着长久的哲学传统。

19 世纪的苏格兰哲学家托马斯·卡莱尔（Thomas Carlyle）在他 1840 年出版的《论英雄、英雄崇拜和历史上的英雄业绩》（*On Heroes, Hero-Worship, and the Heroic in History*）一书的开头这样写道：

> 我在这里要谈谈伟人，谈谈他们在处理世界事务时展现出的风采，他们如何在世界历史中塑造自己、人们对他们有何想法以及他们做出过何种功绩。

卡莱尔早前因尖酸刻薄的文笔而闻名，但在谈及伟人时，他丢弃了所有讽刺的话语。在他那本书的引言里，卡莱尔的文字对“伟人”充满了崇敬之情：

> 让人深感欣慰的是，无论从哪个方面来说，伟人都是良师益友。我们研究一位伟人，即使不够充分，也总会有所获益。他是灿烂夺目的光芒，让人乐于靠近，闪烁的光芒照亮了世界的黑暗；他不仅像盏明灯，更像上帝赐予的日月光辉。如我所说，这是一种体现天赋创见、豪迈刚毅和英勇崇高品德的永不熄灭的光源，在其光辉的照耀下，人人都会受惠无穷。

卡莱尔对伟人的这般狂热看起来有些可笑，而这只是那本书的开头。确实，卡莱尔的观点与他成长的温和社会越来越大相径庭。他坚持认为，民主是一种不可能实现的政府形式，奴隶制度也不应该被废除。希特勒晚年靠着卡莱尔所著的《腓特烈大帝传》（*Frederick the Great*），在柏林地下室中鼓舞和安慰自己。

幸运的是，虽然卡莱尔的大部分思想都未传下来，伟人观念则在理论与实践层面流传到了后世。因为从某种程度上说，这是一部宜读的作品。在一个依靠其成员的主动性，认为沉溺于吃白食就会出问题的社会，这本书有助于树立模范以及刺激人们为了名利而追求个人成功。就像大卫·奥格威（David Ogilvy）喜欢说的那样：“在所有城市中的任何公园中，都找不到委员会的雕像。”不可否认，大多数人更愿意听一位特立独行的人与世界较量，然后克服艰难险阻的奇闻。正如我们可能敬畏的是某个严谨的评议组织，比如最高法院，但它的胜利没多少传奇可言。

出版社向那些愿意讲述他们故事的领导者大开便利之门，比如通用电气公司前首席执行官杰克·韦尔奇的《杰克·韦尔奇自传》（*Jack: Straight from the Gut*），和乔治·沃克·布什（George W. Bush）的《抉择时刻：乔治·沃克·布什自传》（*Decision Points*）。不过，喜欢看这些故事的并不仅仅是大众，许多领导者几乎像卡莱尔一样对领袖魅力及大企业和政府领导者中的决策天才崇敬有加。对领导决策有着相对客观评价的是由诺埃尔·蒂奇（Noel Tichy）和沃伦·本尼斯[①]合著的《决策：成功领导者如何做出重大决策》（*Judgment: How Winning Leaders Make Great Calls*），但此书的重点还是著名的首席执行官以及他们个人的方法。

在关于领导力的著作中，对伟人的狂热可能无害，就像读浪漫小说一样，除了可能会在社会上引发真实的落差和痛苦的绝望外。在商业领域，渴望提升利润的董事会紧紧抓住那几个可能有着优异能力的候选人，在随后的竞标大战中提高首席执行官的薪水。2010 年，标准普尔公司首席执行官的平均总薪酬为 1 140 万美元，是各行业中产阶级工人薪水的 343 倍。现代首席执行官的津贴比腓特烈大帝时期多得多，他们有飞机、豪华轿车、安保人员和大额支出账户，还有大批随行人员。尽管如此，很多时候他们仍会宣称，自己拥有的优异能力并没发挥应有的力量。

在政府中，虽然我们没支付给伟人那么多，但我们还是相信，他们能解决世界上或者至少是这个国家的所有问题，尽管有很多反面证据证明实际情况并不是这样。我们也把越来越多的注意力放在总统竞选活动上，认为他们有英雄领袖气质，或至少他们代表我们的政党和政治信仰，指望他们能实现我们的梦想和希望，让我们找到工作，让我们的房价上涨。然而，就像巴比伦国王尼布甲尼撒的梦境那样，现实不可能那么夺目：

> 王啊，你梦见一尊巨像。
> 这像甚高，极其光耀，
> 站在你面前，形状甚是可怕。

① 沃伦·本尼斯（Warren Bennis）被称为领导力之父，组织发展理论先驱，因关于领导艺术的著作而闻名，其经典四部曲《领导者》《成为领导者》《七个天才团队的故事》《经营梦想》中文简体字版已由湛庐文化策划，浙江人民出版社出版。——编者注

这像的头是精金的，胸膛和膀臂是银的，肚腹和腰是铜的，
腿是铁的，脚是半铁半泥的。

摘去伟人理论的光环，成就伟大的企业

我们写《大决策》这本书是为了展示伟人理论在决策和组织中的不可靠之处，甚至提出了与这个理论相反的观点。我们不会将单个的男性或女性视为美妙结果的唯一推动者；首席执行官、政治领袖、富有远见的思想家和我们所有人一样，思想和行为上偶尔都会有人性的弱点。**即使是最好的领导者有时也会做出糟糕的决策；最糟的是经常做出坏决策的领导者，有时他们的一个或几个坏决策就能将本来非常成功的大企业搞垮。**

我们不谈伟人理论，而是谈伟大企业的能力，那些拥有一直做出伟大决策的能力的企业，能一直做出伟大决策，而不是在困难时期就做不出“伟大决策”。伟大企业增加了重大事务的参与人数，因为它们知道，个人容易犯错，集体则更加有效。它们利用员工、客户以及合作伙伴广泛的专业知识，征求他们的意见；它们通过讨论寻找更好的解决方法，而不是“凭直觉”；在制定决策时参考数据和分析，因为他们知道总体而言，科学方法是已知的做出正确决策和行动的最好引导；它们建立了健全的决策流程，包括研究多个备选方案、寻找异议、培育一种调查而非主张的决策文化。简而言之，这变成了有效的决策机制，伟人在其中不是必须的，或者至少不需要听到“因为他是老大”这样的回答。

如果企业在发展的基础上使用这样的方法做决策，那么我们就说它做出了一个好的组织决策。

当然，领导者依然很重要，虽然可能不像现在的薪水等级显示的几百倍那么

重要。好的领导者创建做出决策的议程。他们定下了企业文化和决策过程的基调，鼓励不同组织部门的成员参与讨论和决定。在这本书中，我们不会轻视领导力和领导者，但也认为他们需要扮演一系列新的角色。**未来的伟人知道，伟大领导者的角色不是独自做出重要问题的决策，而是要确保所有该发生的事情在企业内发生，使得最好的思维方式和问题解决的方法获得更好的结果。**

当代企业优化决策的新模式

如果你观察决策来自何处和由谁做出，以及其在当代是如何被执行的，就会发现，很多企业正在发生翻天覆地的变化。这些变化是，决策更多地由一线员工来制定，并且更加分散、更基于团队等，这与伟人理论影响力的下降以及更多地关注伟大企业和好的组织决策是一致的。至少有 4 个方面的主要趋势正开始塑造新模式，我们认为这在未来将引导出好决策：

◎ **第一个趋势是对“集体智慧优于个人智慧”的认知。**社会媒体、预测市场、让客户参与产品研发，所有这些证据都表明，领头企业想要利用群众的智慧，正如詹姆斯·索罗维基（James Surowiecki）在其著作《群体的智慧》（*The Wisdom of Crowds*）中所说的一样。涉及多人的决策可能并不总是明智的，也可能并不总是会有好结果，但产生更好结果的可能性是更大。

◎ **第二个趋势是不仅利用群众的智慧，还要利用群众的领导能力。**虽然等级结构和首席执行官的领导局面不会消失，但越来越多的地方出现了“集体领导”（collective leadership）的结构设置。当然，我们都熟悉 Linux 系统和火狐的“开放创新”技术，但那只是一个模型。正如梅尔达德·巴格海（Mehrdad Baghai）和德勤会计事务所前首席执行官詹姆斯·奎励杰（James Quigley）在《一的力量》一书中所说的，集体领导有各种

“原型”：或是基于工作结构的紧急型（例如有志愿者的社区组织）或指令型（例如将军和士兵间的关系），或是基于工作本身的脚本型（例如乐团）或创意型（例如即兴表演）。这些维度打开了许多条道路，让人们通力合作，企业也从集体领导和决策中受益。这当然就意味着企业也将从改进集体决策能力的努力中受益。

◎ **第三个趋势是运用数据和分析来支持或做出决策。**直觉永远不会、也不应该消失，但有大量证据表明，在有可用的数据或科学证据时，能比单凭靠直觉时做出更好的决策。有些企业“靠分析竞争”，有些企业却只将分析当作做出更好决策的偶然因素。正如马尔科姆·格拉德威尔（Malcolm Gladwell）在《眨眼之间：不假思索的决断力》（*Blink*）一书中写的那样，相信我们能“不假思索”地做出更好的决策或许很浪漫，但事实是，好决策通常需要系统分析。格拉德威尔给出的有些例子就证明了不假思索的判断实际上运用了详细的分析，比如婚姻研究专家约翰·戈特曼（John Gottman）的例子。戈特曼能在几分钟的观察后判断出你和你的配偶能否维持婚姻。不过，为了做到这一点，他研究了数十年有关这方面的行为和语音编码以及深度的统计分析。

◎ **第四个趋势已经普遍且持续地改变了商业和生活的很多方面，它就是信息技术。**它虽然不能直接创造更好的组织决策，但肯定对其他我们提及的变化起到了推动作用。虽然早期的信息技术应用主要与优化交易相关，但在近 10 年，它们已经坚定地步入了知识、洞察力和决策领域。技术使更多因素和分析参与到组织决策中，使其流程发生变化；它同时还让人们能够获取和分享许多形式的显性知识，甚至隐性知识。虽然在历史上，决策涉及更多的是人的能力问题，而不是技术能力问题，但现在的决策不可能完全不依靠后者的力量。

世界的外部条件使做出正确决策变得比以往都更加重要，所有这些变化也在此时发生了。企业面临着从未有过的高水平竞争，在不确定性和波动性不断增加的环境中，市场和客户也比以往变化得更快。并且，在企业中使运用集体智慧变得更容易的技术也使企业内部更加透明，做出错误决策的惩罚迅速而严厉。

当然，组织决策的很多方面还没有发生改变。希望我们的故事能够表明，好决策和持续做出良好决策需要这些永恒的真理：良好的领导力、强大的企业文化和价值观、责任感以及良好的决策流程。虽然关于决策的著作一直在强调这些，但很少有人将以上 4 个改变了决策环境的新因素结合起来谈。

是充耳不闻，还是超前演进

有些企业对这些变化“充耳不闻”。在多人参与方面，不可靠的高级执行官仍提醒自己“我”才是老大，并坚持认为只有他们自己的决策才算数。在社交技术方面，很多公司不是想方设法增强合作和集体决策，而是仍然禁止这些技术杂糅使用。一项对首席信息官进行的调查表明，54% 的信息官禁止在工作中使用社交媒体，虽然他们的很多员工都设法登录 Facebook 社交平台。即使有数据和分析，许多高级执行官仍然相信自己的直觉；另一项调查表明，40% 的决策还是凭直觉做出的。我们认为这个数字可能比实际情况更小。

不过，很多执行官也注意到了世界正在变化，并跟随这些变化模式前进，甚至超前。在《大决策》这本书中提到的企业都拥有制定决策的新方法，并且已经应用到了重大决策之中。他们征求更多人的意见、咨询专家、采用某种形式的集体领导，将数据和分析应用到决策中去，以及用新技术来支持决策等。他们关注大型战略决策，或是影响战略实施成败的日常战略决策。领导者仍在履行他们的责任，但以更谦逊的姿态参与，不玩把戏。我们介绍的企业以各种各样的方式完成了自己的事，从决策中获得了更好的结果。

糟糕的决策才是“灰犀牛”

《大决策》这本书的 12 个故事讲述了特定的决策是如何做出的，以及是如何优化为制定组织决策设计的活动的。从决策本身就能很好地观察决策制定的过程，因为决策是这些活动的目的。试想一下就能明白，现在大量的企业活动都是为了优化决策，比如很多信息技术项目都将此作为隐形目标。在新的企业系统中投入大量资金，建立数据库和知识管理系统或是安装智能商业软件，最终目的都是为了支持更好的组织决策。在信息技术领域之外，企业或许正在尝试通过这些方式改进决策：清晰定位决策角色，重新设计面向决策的业务流程，或是提出一个商业战略中的特定决策。如果你已经进行了这些活动，却没能得到更好的决策结果，肯定是有什么地方出了错。或许你需要在这些活动和需要改进的实际决策之间建立更紧密的联系。

除了偶尔的问题，在良好的组织决策下确实能够制定和优化决策。我们选择讲述好决策的例子，因为我们认为，世界需要一些优秀的例子来效仿。关注糟糕的决策简直太容易了，并且没有坏处。但我们认为，读者或许已经看厌了或是听厌了那些在经济危机中银行所做的坏决策，英国石油公司与其业务伙伴的愚蠢决策导致墨西哥湾漏油的事件，以及美国国家航空航天局（NASA）的糟糕决策导致“挑战者”号和“哥伦比亚”号航天飞机爆炸。没错，坏决策总是在发生，有时它们具有非凡的教育意义。虽然我们喜欢看《人性的弱点》和其引发的麻烦，但在深入研究这些糟糕的例子之后，世界好像并没有做出更多的好决策。所以，我们决定强调积极的方面。这本书中提到的企业都并不完美，但它们在探索如何做出更优决策的路上走在前列。

我们不是给你一个清单，而是重新讲述这些故事，或许这些故事的证据不是最有力、最充足的，但都是最值得铭记在心的。我们相信叙事在学习和建模中的力量，也相信这些故事有必要的环境和人物。世界真的需要另外一种管理框架吗？

可以说，这些故事形成了一种隐性的框架，或者至少是一些我们认为定义了组织决策新范例的常见主题。这些主题有：

◎ **决策作为特定的问题解决过程。**组织决策的核心需要训练有素的（如果不是高度结构化的）过程。在各个步骤当中，这个过程的开头是框定需要解决的问题，然后通过迭代步骤来细化必须问答的问题；形成多种观点；基于事实分析来权衡风险并生成和测试假设，研究所有基于连续讨论和学习的合适选择，直至出现最好的答案。过程本身的参与性（尽管在不同情况下程度不同）同样重要。企业一旦有了做出重大决定的良好决策能力，虽然可能不是集体，但它们通常会形成除了少数高管外更大的决策组。这些决策组寻求多种观点，包括反对意见；他们吸收有着优异知识和经验的人，不管这些人的身份或阶级如何；他们欢迎前沿观点或与决策息息相关的关键利益相关者，包括合作伙伴、供应商和客户。

◎ **新技术和分析带来的机会。**随着更多企业认识到技术辅助式分析和确定战略、市场和其他关键决策的分析的力量和价值，在各行各业，一种将数据分析整合成“全体决策人员”的新标准正在形成。无论对行业还是部门来说，技术都不再是“下层极客”的透明玩物，它正成为决策和组织行使决策过程中不可或缺的部分。

◎ **企业文化的力量。**行使伟大决策的企业不可避免地涉及植根于其企业文化的很多关键特质和价值观，比如对问题解决过程的尊重、包容，引导决策的是领导者而非“君主”等。一些企业比其他企业更自然地形成了新的价值观和行为模式；在某些情况下，随着对更优决策的需要和新模式的逐渐成形，文化变革的同时产生了更多“民主”的和以分析为导向的方法。

◎ **领导者做正确的事，建立正确的环境。**领导者在创建组织决策中扮演的角色首先是重构决策，使决策不仅成为他们自己的事。不过，伟大的领导者也需确保，更分散地解决问题的关键决策流程和心态要做到位，符合企业业务的部分规范。在很多情况下，领导者会进行企业文化改革，使企业朝着更好的集体决策发展。

在《大决策》这本书中，这些主题在 12 个故事中以不同的方式呈现，每一章展示的都有细微的差别。当然，作为还在进化中的范例，我们发现的组织决策多种多样，并且形式还不完整。我们不可能期待任何一家企业完全、完美地拥有所有这些思想，并百分之百地实现它们。这些故事展示了正在形成中的雏形，你和你的企业可以通过思考这个新方法对决策制定的益处，来完善自己的工作。

抓住好决策的隐形框架

如果你认为你拥有非比寻常的直觉，仅凭自己就能做出完美决策，在企业中只有你的意见是重要的，社交技术纯属浪费时间，那么你或许不会喜欢这本书，你应该立马扔了它。如果你只看到这里，那我想你可以要回你的买书钱。

不过，如果你还在看这本书，就意味着你相信自己企业中的其他人可能拥有能帮助你制定决策的专业知识或意见，相信证据和数据分析可能对你的决策有帮助。或许你只是想更好地了解成功企业的迭代和讨论过程。如果你是企业高管，有责任做出更优决策，那你看对了书。你自然希望帮助你的企业、机构或学校一直做出更好的决策。我们希望你相信，改进企业整体和集体决策的活动是达到这个目标的最好方法。

如果你是个人捐赠者、教育工作者或顾问，当然也需要做出决策，听听做决策的更好方法会使你受益。或许你没有一家正在成型的大企业，但每个人都是社会网络的一员（不是 Facebook 那种平台，而是社会关系本身），你能从他们的智慧中受益。在互联网时代，任何人都能通过收集和分析数据来解决棘手问题。我们相信，了解组织决策环境有助于资历较浅的人、甚至自由工作者提升他们做决策的能力。

无论你的就业情况如何，相信你都会乐于看这些企业是如何使用新旧工具来做出越来越好的决策的故事。所以，我们希望你读完这些故事，领略世界前行的方向。

JUDGMENT CALLS

第一部分

参与型组织决策

JUDGMENT CALLS

本书第一部分的开头会讲述几个企业的案例，展现决策新模式的前两个主题：将决策设计为迭代的问题解决流程，以及采用更为自觉的方式获得合理的答案。第一部分首先会讲述NASA的故事，其中提到了某次工作人员必须做出发射某航天飞机的艰难决策。我们将看到，曾经由于一些错误决策而酿成悲剧的NASA如何从自己的错误中吸取教训，采取更好的方法实现组织决策。然后，我们将聚集于一家有趣的创新型小企业，这家企业的领导者将一项住宅建设的业务挑战转化成了具有附加值的问题解决流程。本部分的结尾是以全球著名的咨询公司麦肯锡为对象的案例分析，这个案例介绍了它的合作伙伴做出的一项重大决策：雇用和培养员工。

JUDGMENT CALLS

01

150 人，14 小时：NASA STS-119 的发射马拉松

2009 年 2 月那段时间，NASA 的工程师和科学家们正为一个生死攸关的决策绞尽脑汁：是否为 STS-119 的发射任务放行，再次将“发现”号航天飞机送上天。每一次，NASA 载人航天任务都将宇航员的生命和数百万美元设备的安全悬于一线。航天飞行一旦成功，国际声誉、政治资本以及科研地位都将随之提升。然而，一旦失败，这一切也将化为泡影。对于每次任务，NASA 都力求最大可能的确定性，伴随着项目进度的压力，为解决所有可能的担忧进行无休止的讨论和分析。然而，操作进度之间紧密关联，项目的截止时间要求严格。现在的问题是：STS-119 供燃系统内的阀门是否存在缺陷，而阀门的完整性又直接关系到至关重要的氢气舱的压力的稳定性。上一次 STS-126 的发射任务就经历了这样的问题，所幸并未影响成功飞行。但是，NASA 的工程师们绝对不能押注在好运气上，更何况这次任务发生灾难的风险是实实在在的。存在疑问的阀门已经停产，难以替换，但其他阀门构成的系统冗余起到了支撑作用。那么，STS-119 能否发射？飞行就绪评估小组能否以合理的置信度给出“放行还是不放行”的正确决策呢？

这些严峻的问题伴随着 NASA 的整个历史。在 50 多年的历程中，NASA 创造了无数开拓性的科学成就，不过，其间也发生了极少数令人痛心的事故，一次偶然的错误决策酿成了历史性的悲剧。那么，我们应该如何确保这次决策不会酿成另一次悲剧呢？STS-119 发射任务的真实故事并不是关于最终发生了什么，而是关于 NASA 的工作人员最终决定去做什么。规范化的反复迭代的决策流程及其背后强烈但务实的质询文化，都是 NASA 从过去的一些公开的错误判断中汲取而来的。

“挑战者”号的前车之鉴

众所周知，NASA 的第一次历史性的决策失误直接导致了 1986 年 1 月 28 日的那场灾难：“挑战者”号航天飞机在发射升空 73 秒时，发生爆炸，舱内的宇航员全部罹难。尽管已经考虑到寒冷气温可能会降低固态火箭推进器接缝处 O 形环的有效性，在肯尼迪航天中心当日气温接近零度的情况下，NASA 项目管理人仍然批准了“挑战者”号的发射任务。由于 O 形环失效，未能在热焰从“挑战者”号外部燃料箱释放后对接缝处进行及时密封，导致了燃料箱内液态氢和液态氧燃烧，最终酿成了“挑战者”号爆炸及坠毁的巨大灾难。

和每一次航天飞机发射一样，在执行 1986 年 1 月的发射任务之前，NASA 都会进行飞行就绪评估，其目的是对可能威胁到任务成功的因素进行评估，并在相关问题得以解决之前，暂不批准飞行任务。在发射的两周前，飞行就绪评估成员召开会议，批准了“挑战者”号的飞行任务。当然，与会成员并不能预见两周之后的天气会有多么寒冷。发射前一天，NASA 的工作人员开始担忧天气问题；马歇尔太空飞行中心的固态火箭推进器项目管理者要求该推进器的制造商莫顿·锡奥科尔公司（Morton Thiokol）对其针对寒冷天气而生产的推进器的安全性进行审查。当晚，双方进行了一系列电话会议。

起初，莫顿·锡奥科尔公司的工程师们并不建议在低温环境下进行飞船发射，但当他们的意见受到NASA飞船项目管理者的质疑后，该公司并未参加电话会议，一群工程师和管理者“核心成员”撤回了之前的建议。“挑战者”号于次日清晨发射升空，升空仅73秒后便发生了那场灾难。

“挑战者”号事故总统调查委员会的调查发现，要力保发射任务顺利进行的巨大压力使得项目管理者轻视了工程师对O形环安全性的担忧。对飞船“生产力”的感性需求无疑导致了最终的决策错误。社会学家戴安娜·沃恩（Diane Vaughn）对“挑战者”号发射批准的决策过程做出了更为详细的研究，其研究结果为我们提供了全面细致的解释。沃恩提出了“异常现象的正常化”这一概念，并指出这是影响决策的关键因素。由于之前在寒冷或低气温时进行飞船发射时，O形环同样存在问题，但并未导致灾难的发生，因此，这种起初意料之外的损害便逐渐被人们当作正常情况而接受。审查成员开始将其看作可以接受的风险。换句话说，之前几十次的成功发射使得审查成员骄傲自满起来，对可能发生的危险并未给予足够重视。其结果用沃恩的话来说就是：“决策能力的不断下降。”

沃恩同时也指出了1986年1月27日电话会议的协商过程中存在的问题。肯尼迪航天中心和马歇尔太空飞行中心的NASA项目管理者不能与莫顿·锡奥科尔公司担忧O形环问题的工程师进行面对面的交流。他们没有看到有效传达工程师们焦虑心情的身体语言，也不能听到能提供有效技术信息的工程师之间的对话。因此，工程师们对O形环问题的担忧不能得到有效且清楚的传达。此外，NASA技术至上的文化氛围也使得工程师们对部分出于直觉判断的安全隐患没给予足够的重视。

所以，诸多因素共同造成了导致此次灾难事故的错误决策，其中就包括工作人员不愿承认有碍任务顺利进行的“坏消息”、过往成功经验滋生的骄傲自满情绪以及低效的沟通。

在“挑战者”号失事灾难发生 17 年后，“哥伦比亚”号航天飞机又发生了坠毁事故。我们并不清楚如果飞船在绕轨道运行时 NASA 就监控到存在的安全隐患，机上成员是否就能幸免于难，但事故总统调查委员会认为，NASA 在执行此次航空任务的过程中犯的决策错误与之前“挑战者”号发射任务中犯的错误如出一辙，特别是诸多成功经验下滋生的自满情绪和沟通上的失败。

接连两次重大事故的发生，以及“哥伦比亚”号事故调查报告提出的批评坚定了 NASA 着力解决这些问题的决心，即弥补导致这些致命错误的文化和程序上的漏洞。随着时间的推移，NASA 不断在项目过程的实施以及文化氛围的建立上做出了有利改进。现在再来看看我们的飞行就绪评估，以 STS-119 为例。“发现”号航天飞机原定于 2009 年 2 月 19 日发射，最终的发射时间却是在近一个月后的 3 月 1 日。这一点有力地证明了为确保飞行任务的可行性和安全性，NASA 在制定决策的过程中付出的巨大努力。

飞行就绪评估，对决策再次进行决策

如今，肯尼迪航天中心在航天飞机发射预定日期之前都会举行飞行就绪评估，让技术团队和项目管理者在同一个房间内进行商议，审查人员来自三个不同的领域:项目部门、工程部门以及安全部门，约 150 人参与了 STS-119 任务的审查工作。考虑到之前“挑战者”号飞行就绪评估过程中的电话会议，以及诸如此类的其他一些电话会议中普遍存在的疏忽、误解以及低效的沟通问题，将审查人员集合到一起，进行面对面沟通的重要性也就不言而喻了。

在进行飞行就绪评估前，NASA 会召开一系列小组会议和技术审查，以讨论和分析可能会在正式审查过程中出现的问题。专门的技术、项目和子系统工作小组可能多达 50 多个。这些小组会议和技术审查是决策系统中必不可少的一部分，能够帮助全面协调地解决问题。权力和任务的重叠大大增加了潜在问题和不确定因素曝光的概率。这种工作方式以及支撑整个项目过程的文化氛围使得工作人员拥有了话语权，能够在发现问题后立即报告，并得到足够的重视。

NASA 首席工程师迈克·赖斯科维奇（Mike Ryschkewitsch）说："现在 NASA 着重强调的一点就是任何一名工作人员，如果发现有什么不对劲的地方，都有责任和权利把问题提出来……在 NASA，所有委员会的专家都致力于将可能影响宇航员安全的因素给予最大化考虑。"

在飞行就绪评估正式开始之前，问题往往就能得到了确认、分析和解决，这在很大程度上得益于这些前期的准备工作。执行技术工作的小组代表将研究结论呈递给整个团队，他们同时又能够回答其他代表提出的问题。实际上，STS-119 任务的审查最后变成了一系列的审查，这是不同寻常的。第一次审查未能完全弄清引擎阀的技术性缺陷，在第二次马拉松式的漫长审查过程中，也并未找到满意的解决方案，直到第三次审查会议时才最终通过了该发射任务。这种"对决策再次进行决策"的过程说明，NASA 的飞行就绪评估并非只是简单的形式主义；这也印证了赖斯科维奇的话，NASA 的工作人员将飞行的安全性摆在首位，一旦发现技术上的问题，都有权利延迟航天飞机升空。NASA 解决问题和做决策的流程建立在良好的结构框架之上，良好的文化氛围使得工作人员能够自由地提出异议，开放地进行交流，这种极大的灵活性和平衡性又能够避免走入生搬硬套的误区。

阀门故障问题

事实上，工程师和科学家在 STS-119 任务的飞行就绪评估阶段面临的阀门故障问题，早在上一次 STS-126 任务中就已经出现。2008 年 11 月 14 日，"奋进"

号航天飞机从肯尼迪航天中心发射升空后不久，地面控制者便发现了飞船三个主要引擎中的一个出现了氢气流的异常增加。由于氢气罐内的压力是由三个控制阀共同控制，因此，另外两个阀门正常工作使得飞船能够继续安全飞行。但在执行下一次飞行任务之前，NASA 必须搞清楚为什么会发生这种情况，是怎样发生的，同类问题是否会再次出现，问题再次出现后的危险性又有多大。

佛罗里达的坏天气迫使“奋进”号不得不于 11 月 30 日在加利福尼亚着陆，直到 12 月 12 日飞船才返回肯尼迪航天中心，这使得阀门故障的检查工作推迟了将近两周。X 射线显示，阀门的提升阀（可上下活动从而控制气流的锥形栓）的一个片段出现了破损。所以，工程师们需要考虑的问题不仅有 STS-126 任务中曾出现的氢气流异常问题，还包括提升阀片段快速通过推进剂线时很可能对其造成损伤的问题。

决定风险程度的因素有两个：问题发生的可能性和后果的严重性。推进剂线一旦发生破损，后果不堪设想。因此，为了将风险程度最小化，就必须极大地降低问题发生的可能性。必要的技术分析必须包含两个主要部分：检查安全阀，找出提升阀破损的原因，从而预计相似问题发生的概率；弄清提升阀片段破损的问题是否会破坏整个推进系统。

由于阀门问题还涉及包括航天飞机、主引擎以及外部燃料箱的整个系统的问题，因此，找出阀门故障原因的责任就同时落在了休斯顿的约翰逊航天中心、亚拉巴马州的马歇尔太空飞行中心以及包括波音公司在内的一些 NASA 项目承包商的肩上。他们开始着手调查，而调查过程无疑是充满挑战的。

STS-119 任务的首次飞行就绪评估于 2009 年 2 月 3 日进行。事实很快证明，技术小组在未意识到问题的严峻性前就批准了“发现”号航天飞机的飞行任务。

约翰逊航天中心工程部主任史蒂芬·阿尔特姆斯（Steve Altemus）说："我们工程部的工作人员参与第一次准备审查会议时就说：'我们对气流环境的具体情况并不是很清楚，因此，我们不敢妄加断言提升阀脱落的可能性有多大。我们必须更好地分析出该部分脱落后可能会导致的后果。'"发射时间被重新定在2月22日。结果证明，NASA对形势的分析过分乐观。于是，技术小组又马不停蹄地开始工作了。

技术小组面临的问题相当棘手。X射线分析显示，提升阀出现问题是由于"高周疲劳"①，即重复运行产生的损伤。不幸的是，相关零部件已经停产并处于供应紧张的状态，因此，NASA很难获取新的无损耗的提升阀。鉴于这种情况，唯一可行的方案就是检查提升阀上可能会产生破损的裂缝，没有裂缝，提升阀就不可能会破损。但是，除非首先抛光提升阀，否则即使在电子显微镜下，也很难准确定位极为微小的裂缝部位。然而，抛光提升阀会对硬件造成细微改变。这一点点的细微改变却足以使得之前的飞行批准变得无效。

要确定不同型号的提升阀片段的速率、自旋和可能路径，就必须进行流体动力学分析，这也使得确定提升阀片段是否会对燃料线造成损害的工作变得更为复杂，因为液体高速运动的状态是极难预测的。NASA的格伦研究中心（Glenn Research Center）、斯坦尼斯航天中心以及白沙实验研究所（White Sands Test Facility）开始着手进行模拟实验，以弄清问题产生的真正原因。

第二次飞行就绪评估于2月20日进行。航天飞机首席安全官斯科特·约翰逊（Scott Johnson）说："安全委员会大部分人关注的是摆在我们面前短期性的开放性问题，我建议延期飞行就绪评估。我们还有很多分析工作要做，我们还不具备将风险量化分析的能力。"

---

① 高周疲劳，是指材料在低于其屈服强度的循环应力作用下，经10 000～100 000以上循环次数而产生的疲劳。——编者注

马拉松式的飞行就绪评估

飞行就绪评估仍依照原计划继续进行。150 多名工作人员聚集在肯尼迪航天中心拱形的 2 号操作保障大楼内，这其中有 NASA 的工程师、项目管理者、国际合作伙伴、承包商、顾问、退休人员。用 NASA 员工的话来说，这些人都是“大佬”级的人物。后辈们对他们丰富的实践智慧敬佩有加。将要执行 STS-119 飞行任务的宇航员也参与了此次评估会议。推动此次会议的 NASA 空间任务负责人比尔·格斯坦迈尔（Bill Gerstenmaier）在会后写道：“我和所有宇航员的工作联系十分密切……他们的孩子和我的孩子每天一起上学，而现在，我们在这个特殊的屋子里讨论着他们的安全问题。”赖斯科维奇回忆道：“我们承受着巨大的压力，因为有人可能会因为我们犯的一个错误而失去生命……这些宇航员是我们熟悉的朋友，我们可能会对他们说：‘你们就放心地执行飞行任务吧，没问题的。’”

负责知识共享和项目管理发展的 NASA 项目 / 计划及工程领导部门主任埃德·霍夫曼（Ed Hoffman）说，在飞行就绪评估当天，操作保障大楼巨大的建筑物、每个人内心明确的目标以及缄默却明显的紧张氛围使他想到了大教堂的礼拜仪式。

会议进行了近 14 个小时，比之前的任何一次飞行就绪评估会议都长。这表明，在充分自由的讨论下，技术问题以及管理的公开性仍然存在不确定性。

尽管工作人员进行了大量的分析测试，有关 STS-126 任务中阀门破损的原因以及该问题再次发生的可能性的技术报告却迟迟未能出炉。大多数的飞行就绪评估会议都有大量有效数据，而此次会议提交的安全限度图标却包含了 TBD（有待决计的）符号。

约翰逊航天中心概念分析组组长吉恩·格鲁什（Gene Grush）接到了 NASA 斯坦尼斯航天中心打来的电话通知他，在危险性评估中，对破坏燃料管线的提升阀破损部分所用的测试材料有误，这使得他们对于测试数据的可靠性产生了质疑。“我不得不站在空旷的房间前面对工作人员说：‘我们的测试存在一些问题。是的，我们干得很好，但我们采用的材料的粒子硬度不够。’这一点非常关键，说明我们的测试不够保守严谨。虽然你得到的结果是好的，但你采用的材料却是错误的。”格鲁什说。

在操作保障大楼内的介绍和讨论如火如荼地进行的同时，赖斯科维奇召集了另外 100 多位工程师通过电子邮件的方式参与了讨论。他回忆道：“有人认为我在处理自己的私人邮件，当然不是。我给这 100 多名工程师都发送了邮件，邮件内容是‘我刚收到这个消息，你同意吗’之类的。我一共发送了大概两三百封邮件，这使得我有了自己的‘核心成员’密室会议，就算在厨房里，我也通过邮件和工程师们反复讨论。就在飞行就绪评估会议召开前的最后一刻，我还对他们每个人进行了调查，问他们：‘我们真的做好发射准备了吗？’”

当谈到评估会议的时长和公开性时，NASA 首席安全与任务保证官布莱恩·奥康纳（Bryan O’Conner）说：“格斯坦迈尔虚心接受任何意见，他从不阻止评估成员发表意见。即使他知道这会耗费很长时间，也不会让时间因素成为阻碍。”

不过，这并不是说格斯坦迈尔不在乎既定的发射安排。“发现”号航天飞机的任务之一是，将组装太阳能电池板所需的最后一组太阳能电池阵运送到国际宇宙空间站，以满足扩展到 6 名宇航员入驻的空间站的电力供应。如果直到 3 月 15 日 STS-119 发射任务还不能启动的话，就会影响到俄罗斯“联盟”号（Russian Soyuz）宇宙飞船原定于 3 月 26 日将宇航员送往空间站的远征 19 号（Expedition 19）任务，并导致之后美国的一系列发射任务延后。当天晚些时候，格斯坦迈尔将 STS-119 延迟发射可能对空间站项目和既定航天任务产生的影响向评估小组进行了汇报。一些成员将格斯坦迈尔的话看作对任务施加的压力，而其他人认为这是再正常不过的了，这使得他们清楚地意识到组织决策应当考虑到更广泛的问题。接着，格斯坦迈尔给评估小组的核心成员 40 分钟的时间，让他们就一整天的评估会议接收到的意见与建议进行讨论。讨论完毕后，格斯坦迈尔让小组成员进行投票。参与投票的成员中，工程部门、安全部门以及几名中心主任明确表示，STS-119 发射任务的启动暂不具备充足的条件。

NASA 项目管理者史蒂夫·阿尔特姆斯（Steve Altemus）总结道："我们作为一个团体，从不轻易碰触任何可能的危险雷区。"时任宇宙飞船安全及任务保证部管理者的比尔·麦克阿瑟（Bill McArthur）说："我们的工作人员现在愿意站出来说'我们还没准备好'，这充分说明 NASA 的文化氛围有了很大的进步，我们没有被'发射热'冲昏头脑。"过去，这种"发射热"使得一些反对的声音得不到重视，甚至被蔑视。当评估会议结束，与会人员陆续走出会场时，乔伊斯·塞里雷 - 格鲁什（Joyce Seriale-Grush）对赖斯科维奇说："形势真的很严峻。虽然今天的会议没能最终确定发射时间令我感到十分失望，但这次的感觉比以前好太多了。因为我们必须要说我们还没准备好，而大家都听取了我们的意见。过去可不会是这样。"

显而易见，这种开放式的讨论和勇于对权威说出真知灼见的文化氛围与准则是从"挑战者"号时代开始逐渐形成的。

成功发射！

飞行就绪评估会议结束以后，虽然格斯坦迈尔对是否确定 3 月 15 日为最终的发射时间仍存有疑虑，但他决定"将这个棘手问题抛给小组团队，看看他们会怎么做，又会得出怎样的结果"。大约 1 000 多名工作人员为解决这项难题展开了紧张的工作。

工作人员在不影响相关硬件的条件下，将主要用于测试螺栓完整性的涡流系统成功运用于安全阀提升头的裂缝检测，这使得研究工作出现了巨大突破。测试结果表明，其他安全阀出现故障的可能性极小，并处在可接受的范围之内。这给了工程师和管理者很大的信心。

3 月 6 日召开的第三次飞行就绪评估会议最终为发射任务亮了绿灯。“最后这次评估会议的氛围是轻松的，”奥康纳说，“一方面，我们每个人都对项目情况非常熟悉，没人会说：‘我感到很不安，因为我对情况不是很了解。’我们不仅清楚地明白自己知道什么，还明白自己不知道什么。我们在最大程度上知道自己知识的局限。然而在过去，我们是不知道这些的。”

在最后的决策阶段，即将操控“发现”号航天飞机的宇航员也出席了评估会议。宇航员就坐在科学家、工程师和管理者面前，这画面有力并明确地提醒着他们，最终的决策可能会面临多么巨大的风险。宇航员也有是否同意发射的投票权。如果说有什么决策过程和决策者的生命安全息息相关的例子，那么这就是最好的例子。

3 月 11 日，STS-119 飞行就绪评估任务顺利通过。由于液态氢通风系统有泄漏（和安全阀问题无关），“发现”号最终延期到 2009 年 3 月 15 日发射升空，安全顺利地完成了航天任务。

良好决策力的进化

在分析、延期、最终通过发射任务的过程中，NASA 展现出了良好的决策力。这归功于很多因素，其中最重要的就是解决问题的方式。NASA 的众多专家和利益相关者聚集在同一个房间内进行了一系列精心设计的离线工作讨论，他们巧妙地利用讨论，使得利益相关者能够互相听取意见，通过“真理优先于官位层级”的方式讨论各自的发现和观点。另一个显著特点是广泛的民主投票，而非仅为一些高级管理者提供信息，让他们自己做出决定。NASA 决策的重要组成部分还包括，在飞行就绪评估的整个过程中，不同的观点和各领域的专业知识得以呈现并影响着最终决策；**反复迭代的研究也是其成功决策的关键**。

深层次、高质量的测试与研究，包括分小组采取不同方法解决同一问题，也是至关重要的；另一个重要方面是，NASA 内部科学至上的文化氛围和对获取最佳真实信息的不懈探求。

制定决策是权衡决策风险和责任的过程，其中一个关键方面是要了解一项决策的重要性及潜在后果。在这个例子中，体现在时刻牢记航天技术直接关系到宇航员的生命安全，同时，还要明确一旦安全条件具备，发射升空的合理需要。

在整个决策过程中，领导者的管理风格与方式也很重要。一些领导者表面上欢迎谏言，实行公开磋商，实际上只是引导小组赞同他已经制定好的决策。这样一来，决策过程便受到影响，一些制定决策过程的尝试走向了另一个极端，鼓励无穷无尽的讨论，其结果只是达成“迎合多数人口味的”最低标准的共识。

NASA 的同事高度赞扬了格斯坦迈尔。他在开放讨论的同时，始终致力于找出导致项目局限的最有可能的原因。一些飞行就绪评估的参与者提到了 NASA 文化氛围的改变。NASA 从之前的悲剧中汲取了教训，不再被“发射热”冲昏头脑，而更多地考虑安全问题；不再阻止或忽视工程师和其他工作人员的不同意见，而将科学的质询作为最终决策的关键步骤。

之前的航天计划中曾出现致命错误，是因为 NASA 将航空飞行看作一项例行公事的惯性思维。他们认为航空飞行任务是一项操作性而非实验性的问题。然而事实上，航空任务仍是一项高风险的任务，对需要控制巨大外力的复杂技术极限提出了巨大挑战。格斯坦迈尔说，在没有明显技术问题的情况下，航空任务失败的可能性大约是 1/77。在商业飞行中出现这样的概率，没有人会接受。在《一些安全教训》(*Some Safety Lessons Learned*) 一文中，奥康纳写到了克服自满情绪的重要性和难度：

> 克服自满情绪可以说比从不幸中恢复更困难。人们总是认为，一连串的成功就意味着在某种程度上已经达到了工程和操作方面的完美，因而就不会失败了。但我们要做的，恰恰是必须创造性地找到方法来克服这种心理定式。

始终致力于安全保障和制定出正确的决策，需要对决策流程和决策文化持续、高度的关注。同时，还要有作家爱德蒙·高斯（Edmund Gosse）所描述的“高度的谦逊”：承认无论你有多聪明博学，仍有可能在重要问题上犯错。

用良好决策力打造一个高可靠性组织

在最近的一项研究中，卡尔·韦克（Karl Weick）和凯瑟琳·萨克立夫（Kathleen Sutcliffe）分析了他们所称的**“高可靠性组织”**，以及这样的组织是如何始终确保高度的质量管理的。

这些“高可靠性组织”包括人质谈判小组、医疗救护队、核动力设施组以及消防队等。这些组织的思维定式和运行程序使得它们的组织运作比其他许多组织都好；它们也必须这样，因为这些组织一旦出现失误，便要付出巨大的代价。它们始终要克服的一个障碍便是骄傲与自满情绪。

韦克和萨克立夫总结了这些高可靠性组织的 5 个特征，这些特征我们都可以在 NASA 的 STS-119 飞行任务的例子中找到。**这 5 个特征分别是：致力于追踪可能的微小失败、找出复杂问题的能力、真正关注前线工作者（实际操作者）、从失败中汲取经验教训的能力以及对危机进行快速有效反应的能力。**

正如在 STS-119 飞行任务中表现出来的那样，NASA 能够做到以上这 5 点的一个得益因素是其解决问题的过程。NASA 既遵循合理顺序，采用清晰缜密的分析方法，又在外界条件改变的情况下灵活地调整顺序。NASA 总体的文化氛围是提倡开放式的交流，尊重不同意见，以及拥有提出不同意见的权利。

如今，我们钦佩 NASA，并非因为它的一次次成功，而是因为它能够从“挑战者”号和“哥伦比亚”号航天飞机的残酷失败中汲取教训。NASA 无疑是高可靠性组织，而使其成为高可靠性组织的一个重要因素便是良好的决策力。

JUDGMENT CALLS

02

房市低迷期，没人买时这样卖

格雷格·伯里尔（Greg Burrill）是 WGB 房地产公司的所有者和创始人。该公司在波士顿西部和南部郊区建造了 1 800 多套房屋。波士顿的 128 号公路创新廊道可谓闻名遐迩，不过实际上，如今波士顿的大部分科技活动主要活跃在 495 号州际公路附近。这条“外环路”初建时，穿过了农场、田野和小镇。如今，这里已经汇集了易安信（EMC）、惠普、史泰博等众多大型公司，伯里尔为这些公司的管理人员和雇员建造了很多房屋。该地区也被称为西区（Metro West）或黑石谷（Blackstone Valley），这里还有通往波士顿市中心的马萨诸塞州收费高速和通勤铁路。由于有大面积的空地和大量的用人需求，在过去的二三十年间，这里都是波士顿住宅房地产的重要发展区。

伯里尔在房地产行业摸爬滚打了 39 年，经历了这个行业的鼎盛与低迷，他有着自己的一套经商原则。在经商的过程中，伯里尔一直采用保守的方法，WGB 房地产公司从未像其他房地产公司一样陷入巨额债务之中。“你需要有较低的价值比率和充足的现金。”伯里尔说。当时局不好时，他也会减缓开发进度。前些年，美国房地产业经历了一段举步维艰的时期；在伯里尔的印象中，住宅房地产业从未有过持续时间如此之长的低迷期。

WGB 房地产公司主要是一个家族企业。伯里尔的兄弟史蒂夫·伯里尔（Steve Burrill）是公司的副总裁。他的两个女儿埃丽卡（Erica）和瓦妮莎（Vanessa）以及一个女婿都在这里供职。

在关于 WGB 房地产公司的一篇报道中，一位房屋购买者是这样形容伯里尔一家人的："友好、诚实、公正。"公司的运营方式是一次只开展一个项目，这虽然足以使得伯里尔全家和公司上上下下忙得不可开交，却不会使公司在住宅房地产业低迷期面临破产的风险。他们购买生地、开发土地、建造房屋，并最终完成出售，有时也会转卖公司所持有的住宅区房屋。

WGB 房地产公司最新的一个开发项目叫"溪草村庄"（Brookmeadow Village）。它位于南格拉夫顿（South Grafton）的半乡村区。格拉夫顿是马萨诸塞州因"祈祷的印第安人"而闻名的一个小镇；1671 年，朝圣者传教士约翰·艾略特（John Eliot）为这里的尼普马克（Nipmuck）部落修建了一座教堂和一所学校；后来，格拉夫顿以羊毛纺织业闻名；如今，这里已成为波士顿附近难以承担市区高昂房价的年轻人的居住圣地。不过，这里的房价比起其他地方，也不算是很便宜；溪草村庄一套新房的售价大约是 50 万美元。

溪草村庄是一个有着 91 套住房的大型住宅区，伯里尔常常引以为傲。该村庄占地 53 公顷，包括一个小型购物中心、一块面积 30 公顷的空地以及通往棒球场和足球场 3 公里多长的步行道。其所有房屋都通过了美国"能源之星"（Energy Star）计划的认证，伯里尔首次开发的项目就获得了该计划的认证。尽管经济不景气，溪草村庄的销售情况却很好。有 20 多套房屋一经修建完成，便立马售出，埃丽卡和她的老公也买了一套。

滞销的房屋

溪草村庄的开发项目从整体上来说非常成功，不过，其中一套设计精美的房屋却迟迟难以被售出。这套房屋标价 55 万美元，对一个家族公司来说，可谓一桩大买卖。为了卖出这套房子，公司用了很多种办法，不过鉴于伯里尔对不断变化的人口统计数据和客户喜好了如指掌，这似乎是小菜一碟。但如果真是这样，为什么还是没有卖掉呢？

对于 WGB 房地产公司这样的小企业来说，虽然一套房子难以卖出的问题偶有发生，但着实是个恼人的大问题。公司应对这种挑战的方式体现的可能就是组织决策最核心的环节：**通过解决问题的互动过程做出决策**。这种方式同样也能体现出公司文化和创始人伯里尔的领导风格。

伯里尔的销售人员常常听到空巢老人和有较大孩子的夫妇们讲，他们很喜欢郊区的居住环境，但有着和年轻家庭不同的需求：他们通常都希望主卧室能在一楼。除了自己年龄的增长，不想频繁地上下楼梯之外，许多客户认为，随着婴儿潮一代的老龄化，主卧在一楼的房子转手更能卖个好价钱。因此，WGB 房地产公司将那套滞销的房屋重新设计，取名“牛津房”，并将主卧建在一楼。这栋房子的二楼还有三个小一点儿的卧室和一个较小的后院。这样一来，那些婴儿潮一代出生的人就不用担心恼人的除草问题了。

客户对这套房屋的兴趣明显大增，每天前来看房的人络绎不绝。然而 6 个月后，这套房子还是没能卖出去。伯里尔和公司的销售人员只好寻求其他的办法，并适度降低房价。看房的人更多了。但几个月过去了，仍然没能卖掉。显然，房屋的地段很好，那是不是房屋的大小、价格或是设计出了问题呢？

伯里尔系统地思考了怎样才能改善这套房子。房屋的大小不能改变。他已经适度降低了房子的价格，继续降价可能会降低溪草村庄其他房屋的感知价值。伯里尔认为出问题的可能是房屋的设计。南格拉夫顿镇有两套由其他房地产公司建造的房子，和这套房屋设计类似，也没有卖出去。然而，改变房屋的设计并非易事，伯里尔还需要掌握更多信息。

到聪明人中间去，寻求集体智慧

在房地产市场萧条时期，伯里尔曾经历过类似情况，因此他知道该怎么做。当房子的销售出现困难时，他就会寻求集体智慧。集体，在这里指的是任何对问题能提出有建设性意见的人，包括：

◎ 伯里尔的妻子、兄弟、两个女儿、一个女婿以及所有在公司供职的家庭成员；

◎ WGB 房地产公司其他的 12 名雇员；

◎ 开发项目中负责该套房屋和其他房屋的承包商；

◎ 购买了该住宅区其他房屋的客户。

伯里尔向每一位见过这套房屋的人寻求改进意见。“每个人内心都住着一位设计师和建筑师，”伯里尔说，“所以，我为什么不虚心向他们讨教呢？”大部分人都乐意提出自己的意见。有时，伯里尔甚至亲自进行大规模的客户调查；他的公司最近就针对客户对销售过程及 WGB 样板房的看法，调查了 400 多名客户。

一直以来，伯里尔都十分关心他人对于自己公司所售房屋的看法。随着公司的不断壮大和越来越多的家庭成员开始加入到公司的运作中来，他越来越意识到，和房屋建造和销售相关的每一个人的意见与建议都是极为重要的。“我走到比我聪明的人中间，”伯里尔谦逊地说，“尽可能多地听取意见。不过最后，必须由我做出决策。”

集体商讨

在广泛地听取各方意见之后，伯里尔召集了公司家庭成员开会进行集体决策。在会议上，每个人都对听到的以及自己的想法进行了讨论。一些在房子里遛过一圈的“非正式顾问”认为，问题出在购房者中婴儿潮一代的人数并没有伯里尔想的那么多。年轻家庭并不是很推崇主卧在一楼的意见再度被提出来讨论。

伯里尔的女儿埃丽卡和瓦妮莎在公司负责销售和推广，她们也听取了一些年老夫妻的意见。

实际情况似乎是，尽管这些目标买家起初觉得主卧在一楼更好，但真到了买房的时候，最终会选择购买主卧不在一楼的房子，特别是在权衡后觉得这样会使一楼的娱乐空间变小之后。“主卧会占据一楼一半的娱乐空间。”一名客户说。埃丽卡和瓦妮莎记得，有几次起初客户对“牛津房”十分感兴趣，而之后却决定买主卧在二楼的房子，甚至更糟的是，买别家房地产公司主卧在二楼的房子。这使得伯里尔和其家人有理由相信，尽管客户总是说他们喜欢主卧在一楼的房子，实际消费行为却和嘴上说的不符。

会议快结束时，他们得出结论，认为楼层平面图有待改善，并找出了改进的方法。

房屋需要做一些特殊的改变：包括扩大车库上方的空间，利用该空间在二楼增设一间浴室；使得有年幼小孩的夫妻能在二楼有自己的卧室，并且方便他们随时下楼。扩大的空间在住户家庭发展的各个阶段都能被很好地利用。伯里尔还通过改造一些窗户来使得房屋后部的观景更好看，并建造开放式的厨房来拓宽娱乐空间。

一次性做出多项改变的弊端是，你难以弄清导致成功的真正因素是什么。但伯里尔当时没有时间做那种一次仅有一个变量的学术实验。

伯里尔和 WGB 房地产公司成员一致通过的改造计划又为我们上了关于组织决策的一课。对于很多公司来说，撤销之前的错误决策很可能会造成可怕的后果，而这次 WGB 房地产公司却是个例外。这是因为，该公司实践了其他行业所称的“推迟配置”。正如贝纳通公司（Benetton）曾经用白色纱线织造毛衣，再根据零售商的订单要求将这些毛衣染色，伯里尔仅仅完成了住宅区的园林设计和房屋外观装修，就使得客户能够根据个人喜好选择房屋的内部装修，该公司能在客户购买房屋后短短 32 天内完成全部装修。房屋没有完全装修，也使得未完成的框架结构能够得到充分改变。这正是 WGB 房地产公司要卖出之前滞销的房屋所需的杀手锏。

客户更像厂商

这些改进似乎起了作用。尽管当时的房地产市场十分低迷，但在之前的滞销房屋重新设计的几个月后，一对婴儿潮时期出生的夫妇便购买了一套。这对夫妇很喜欢房屋的设计，他们让 WGB 房地产公司装修了地下室，然后又将房屋面积做了进一步扩大。他们最满意的是这套房屋的特征，都是之前公司参与性决策过程中提出的设计理念。

在该地区，别家公司曾经售出了两套主卧在一楼的房屋，但并没有采用参与式的决策和客制化的设计。在我们写这本书时，其中的一间正被转卖，而另一间刚刚以远低于起始价和周围房屋的价格出售。

伯里尔认为，他们一定能利用这套改装房大获全胜，因此，他现在用同样的方法修建其他房屋。现在，以“扩大的牛津房”为模板的大约 12 套样板房可供

WGB 房地产公司的客户选择。像挑选所有的设计和修改一样，客户可以在该公司的计算机辅助设计（CAD）库中挑选喜欢的样板房。

其他郊区住宅区开发商总是不断地重复建造着相同设计的房屋，伯里尔却独辟蹊径，勇于不断修改和完善房屋设计。起初，他会让一名独立设计师绘制出基于计算机辅助设计的房屋设计图，之后再根据客户反馈不断修改。即使一种房屋设计很受欢迎，伯里尔和其他 WGB 房地产公司员工都会询问该房屋的住户、承包商以及任何见过这个设计的人，有关这个房屋设计的意见。

正如在“扩大的牛津房”中所做的，WGB 房地产公司会不断完善设计并将其纳入计算机辅助设计系统中。他们很乐意按个体客户的意愿对设计进行修改。在他们心中，客户更像是厂商。“人们花大价钱买房，当然会特别挑剔并希望按自己的喜好修改设计。”伯里尔说。所有的修改都储存在计算机辅助设计系统中，方便我们重复使用。

比如，曾经有一位客户喜欢一套房屋的整体设计，但不想要中规中矩的普通客厅和餐厅。WGB 房地产公司便满足了客户的要求，为他设计并建造了宽敞的美式乡村厨房和更大的客厅。这个设计也被添加到系统中供其他客户选择，而该客户的要求和其他客户对该设计的良好反馈也促进该公司设计团队做出了更多关于客厅设计新颖的改变。在许多设计中，客厅的一部分被隔断成一个小房间，可用作藏书室、书房或家庭办公室。

另一项集体决策

伯里尔不仅仅在决定房屋设计时采用集体商讨的方法，他还试图将这个方法运用在任何人都能提出好观点的情况下。

例如，之前 WGB 房地产公司还通过集体商讨制定了一套公寓房的转卖价格。该公司在 20 世纪 80 年代建造了这套公寓，伯里尔的母亲和他的女儿瓦妮莎都曾在不同时期居住在这里。一位潜在买家提出了他的报价，但远低于定价。伯里尔是应该接受这个报价，还是还价呢？

伯里尔虽然对这个报价有自己的看法，但他知道有人对这套公寓的情况更了解。瓦妮莎曾在这套公寓里居住过一段时间，她还见过潜在买家。乔（Joe）曾经在该公司干过销售，业绩优秀。因此，伯里尔召集了瓦妮莎和乔开会商讨。

在商讨的过程中，伯里尔和他的非正式顾问小组出现了不同的意见。瓦妮莎和埃丽卡想要保持高价，拒绝客户较低的报价，而乔则倾向于以客户报价出售。伯里尔更倾向于折中的办法："如果我们告诉客户对这套公寓进行了改进，他们或许会愿意多付一点钱。我们已经安装了新的窗户、花岗岩厨房台面和家电。把他们邀请到公寓来参观，说服他们提价吧。"

伯里尔虽然听取了他同事和女儿的意见，但他明白，最后还是要由自己做出决策。他说："瓦妮莎在这套公寓里住过，对这儿有很深的感情。因此，她难免会有点感情用事。她和埃丽卡是做市场推广和销售的，都希望这套公寓能卖个好价钱。我理解她们。但我不希望这套公寓像之前那套房一样滞销半年。"

整个决策过程中没有出现激烈的争执。当伯里尔告诉顾问小组成员，通过电子邮件和潜在买家进行价格协商的想法后，很快便得到了回应。瓦妮莎几分钟后便给父亲打电话说："爸爸，这里有一些文本资料，你打电话给客户时可能会用到。"

小型企业如何借组织决策获益

WGB 房地产公司的例子说明，即使小型的家族式企业也能通过提升组织决策能力而获益。事实上，当一个错误决策足以摧毁一家公司时，正确的决策的确是弥足珍贵的。

WGB 房地产公司的决策有一个重要特点，就是让不同领域的相关人都参与到决策中来。公司首席执行官伯里尔虽然对自己的决策能力充满自信，但他更明白群言献策的力量。通常来说，在决策过程中广泛征询专业意见，并将其运用到对决策方案的征集和讨论过程中来是十分有用的。最终的决策权仍掌握在伯里尔手中，但在这之前，他会四处搜集建设性的意见和相关专业知识。该公司的高级主管能够并且应当听取各方意见，但最终，必须由他本人来做最后的决策。

同时，WGB 房地产公司的故事也显示了决策设计过程的一个重要方面：当发现最初的决策并不理想时，你应当推迟决策，直到掌握更多信息，或者尽可能降低改变主意后可能会付出的成本代价。实际上，就是要将错误的组织决策的代价最小化。WGB 房地产公司很少犯决策错误，而一旦错误发生，房屋未完成全部装修也容易纠正错误。

WGB 房地产公司通过计算机辅助设计系统搜集不同的房屋设计。设计师做出的新设计和修改的设计都会以数码形式进行储存，这样一来，这些设计就可以被重复使用，或者为其他设计修改提供参考。尽管 WGB 房地产公司是一家小公司，但任何与设计相关的公司都应该借鉴它的这种方法。

伯里尔和他的非正式顾问小组的商讨是制定组织决策的一个好方法，他的“推迟配置”法也能够有效降低决策成本。该公司的计算机辅助设计系统搜集各种设计方案，方便了设计的重复利用。想想看，如果每一位成员都有建言献策的权利，计划方案直到最后拍板的前一秒都能够被灵活改变，公司的信息得以有效搜集并储存以便重复利用，那么公司的决策能力便会得到显著提升。这个管理方法适用于任何规模的公司和组织。

JUDGMENT CALLS

03

多元人才时代，麦肯锡的未来人才标杆

麦肯锡咨询公司是一家提供全球性专业服务的公司，20 世纪 80 年代，它的合伙人碰到了一个难题，而这个难题是其他公司做梦都想碰到的：**咨询业务呈爆发式增长**。但对这样一家以特色人才为竞争基础的公司来说，这是最基本的挑战：如何找到足够多又足够好的人才，以应对当时的人才短缺危机呢？

“凭我的经验，相比于以往任何一个时期，目前我们对人才的渴求是最强烈的，而这也许只是个开端。”时任公司人事部主管的杰罗姆·瓦斯拉鲁（Jereome Vascellaro）回忆说。然后，他用独特的幽默口吻补充说：“我们的业务太多了，要是美洲驼也能干活，我们肯定会雇用它的。”雇用美洲驼的想法让人忍俊不禁，但这个笑话并非完全是无的放矢。麦肯锡咨询公司需要破解的难题一直是，**如何找到最合适的人才，而不是增加人才数量**。

这是由于，一直以来它的盛名都是建立在其独特的人才定位上：**寻找卓尔不群、分析技术高超、为人诚恳、有领袖风范的精英**。“我们意识到，真正的危机找上了我们。”现已退休的主管特里·威廉姆斯（Terry Williams）说道。20 世纪 90 年代，他负责公司的招聘事务。“我们每年从哈佛商学院雇用大约10%的毕业生。即便如此，我们发现优秀人才的缺口仍然很大，这意味着我们必须另辟蹊径。”

几年前，哈佛大学、斯坦福大学、芝加哥大学以及其他顶级商学院的MBA是传统的、最丰富的人才来源。在他们中间，麦肯锡挑到了他们需要的人，这些人也不负众望，常常让公司业绩名列前茅。不过，尽管增长迅速，该公司通过这些渠道获得的实际收入却在下降；来自其他“最佳和最有前途”的咨询公司的竞争（客户和人才方面）也在增加。时任麦肯锡咨询公司总经理的弗雷德·格鲁克（Fred Gluck）非常同意合伙人威廉姆斯的观点：“我们没有选择的余地，人才资源已达到极限，尝试其他途径不可避免。”

在这种压力之下，格鲁克承认，如果新的招聘决策不可避免，它的成功也很难被保证。其他人对此也都了然于心，这的确是个严峻的挑战。因此，现任总经理的多米尼克·巴顿（Dominic Barton）将这个决策视为“公司标志性的时刻”。综观历史，我们发现巴顿的说法并不夸张，麦肯锡咨询公司摸索崭新人才战略方针的历程也正是合伙人做一个个决策的过程。还有一点引人注意，即他们是如何从日常工作方式中探索出新方向，然后再将其整合、回归运用到日常工作当中的。作为一个组织决策的案例，这个故事反映了一种威力，一种仍在持续地解决问题的过程的威力，它融汇在强大的企业价值和浓厚的企业文化中。这个过程衍生了多层转换，成功地解决了下一代特殊人群的追求。

MBA潮流，随波逐流与抵抗并行

实际上，困境的实质是麦肯锡咨询公司该不该启动大规模非MBA新咨询师的招聘，作为对他们在顶级商学院传统招聘渠道的补充。这些年来，这个问题起初困扰的只是北美的麦肯锡咨询公司。在欧盟国家，麦肯锡咨询公司的领导者主要来自大型跨国公司的"明日之星"经理；在德国，商业环境使它们形成一个适合公司的惯例，即雇用博士，特别是重点学科如工程学方面的博士；在伦敦，它们沿袭传统，雇用顶级学院如牛津大学和剑桥大学的学生，同时还帮助远在大洋彼岸的美国同事招聘罗德和马歇尔奖学金获得者。

在20世纪80年代，北美办公室仍然是该公司的核心，特别是大而强的纽约办公室，它与常春藤盟校及其他享有盛誉的商业院校有着密切联系。麦肯锡咨询公司的关键部门面临的一个重要问题是顶级MBA雇员的短缺。在那段时期里，在麦肯锡公司的工作中占据主导地位的是穿着随意、分析技术一流的MBA。客户感觉如此，他们自己也深有同感。事实上，这一传统多年前便已经形成。在公司成立初期，麦肯锡咨询公司因其经验丰富的员工和职业合伙人带来的周到的咨询服务而为人称道，这些合伙人与美国的CEO建立了深厚的君子之交。早在20世纪50年代，麦肯锡咨询公司的传奇创立者马文·鲍尔（Marvin Bower）便开始转移公司重心，试着雇用其哈佛大学校友担任产业经理，他们虽不熟悉业务但更年轻。经过一段时间，随着商业学位在美国职业教育中地位的提升，麦肯锡雇用了越来越多来自顶级MBA班的毕业生。

20世纪80年代，麦肯锡咨询公司的MBA亚文化得到进一步加强。用于解决商业问题的复杂的分析模型的成功，以及由竞争对手公司波士顿咨询集团（BCG）创始人布鲁斯·亨德森（Bruce Henderson）创立的"经验曲线"及"增长-份额矩阵模型"的成功应用，促使麦肯锡咨询公司更加关注来自顶级MBA班的最优秀和最有希望的分析师。与早期的MBA招聘不同，新一代雇员更加年轻但经验不足，不过，他们在战略工具和思想上更灵活敏锐，这也正是商学院课程的特色。20世纪五六十年代，鲍尔引进了一个激进的理念，从而改变了公司的人才观，他认为，**通才型商业技能和教育比行业经验更为重要。**20世纪80年代，随着他临近退休，公司将这些理念发扬到了极致。

也是在这些年里，咨询业迅猛发展。随着经济增长，技术创新、全球化和管制放宽成为变化的推动力。嫉妒眼红者常会谈到这群“穿斜条纹布料的新庞克族”（一家商业杂志是这么形容MBA的），这些年轻又才华横溢的MBA正在重塑领导者的商业决策。在迈克尔·波特式的战略思想和方法的驱动下，波士顿咨询集团、贝恩咨询公司和其他战略公司成为《财富》全球500强的新宠。为了榜上有名，麦肯锡咨询公司投入大量人力和财力，同时，它还得跟其他公司竞争，以招聘到顶级毕业生。对于咨询业这项新游戏中的所有玩家而言，成功取决于把最顶级的MBA们纳至麾下。

很多为麦肯锡咨询公司卖力，后来又升级为合伙人的精英，对什么样的人才是合格的麦肯锡人，一直都有一个毫不动摇的标准，那就是像他们一样能提出好点子的人。这也不足为奇。

未来战略与历史之争

麦肯锡咨询公司逐渐意识到，优秀的MBA求职者供不应求，罗德奖学金获得者的人数也在急剧下降；同时，美国的麦肯锡咨询公司含蓄委婉地表示，卓有成效的德国模式不适合它们，于是在多种因素发酵下，一场声势浩大的辩论拉开帷幕。在二线商学院寻找真正的明星分析师并非不可能，不过，既在数量又在质量上获得保障的成本和代价实在太高。按照麦肯锡的真实风格和要求，“有人分析过这些数字并且说服我们，这些费用并不会高得离谱。”公司一名退休成员多尔夫·迪比亚西欧（Dolf DiBiasio）回忆说，在那些日子里，他主要负责招聘。

事实上，迪比亚西欧对在斯坦福大学举行的一次会议记忆犹新，出席会议的有他供职的北美办公室合伙人："我们在房间里踱来踱去，相互交谈，然后再看手上的数据，最后发现，我们没有从 MBA 学院中挑到足够的合格人才。"

那么怎么办呢？在这段期间，问题变得复杂了，有一些关于如何造就天才，和哪里才能找他们的"墙角的大象"理论①大行其道。在斯坦福参加会议的每一个人都知道，北美办公室这些年在招聘方面断断续续做了一些所谓的非传统招聘实验，招聘到的绝大多数罗德奖学金获得者都能满足要求，这促进了 20 世纪 80 年代开启的一项创新训练计划：迷你 MBA②。

更让人头疼的问题是，该公司正努力让一些部门使用过去的老办法，即招聘更多从业经验丰富的人才。20 世纪 80 年代，公司的某些领域开始瞄准有高深技术的专业人士，打算将他们安排到新成立的产业群中去。走在这项招聘战略前沿的是公司快速发展的能源事务，它由打破传统的约翰·索希尔（John Sawhill）主导。作为前美国能源部部长、经济学博士和纽约大学主席，索希尔强烈地意识到，麦肯锡咨询公司需要它的团队掌握更多专业知识，特别值得注意的是，他正在积极发展石油、天然气和公用事业领域的客户。20 世纪 80 年代，在其他领域，如金融服务业、信息技术业和制药行业，为引入更多专业人才，也在进行同样的努力。

虽然领导者和公司咨询团队中的许多人欣赏这些新同事的专业能力，但他们通常会因为公司对拥有 MBA 学位的强大通才即有的偏见而被搁浅，特别是在评估和晋升时。超出他们的专业范围，客户对其的认可度就会出现问题，由于处理客户问题能力的多元化是成为合伙人的关键要素，客户认可度不高便成为他们的一大劣势。并且在更多的无形维度上，除了公司建立在企业文化和个人关系之上

① 英国谚语，指一个问题明明很突出，每个人都心知肚明，但每个人都回避它，因为不知道如何解决。

② 一项提供给外聘人才的、关于核心工具和观念的实用速成课程，这些外聘人才虽然没有商业学位，但能力突出，天赋较高。

的依然重要的维度，这些“有经验的雇员”很难适应公司环境。现已退休的主管鲍勃·哈维（Bob Harvey）曾是能源事务中一位非常活跃的哈佛 MBA，他在回想起 20 世纪 80 年代得克萨斯州办公室一些想要成为兼具社交和专业技能的职业雇员的痛苦时刻时说：

> 虽然一些人的跳槽比其他人更成功，但他们处于职业轨迹的哪一阶段一直都是一个问题。他们往往比我们许多人都要年长；我们居住在市中心，他们居住在郊区；他们的妻子与我们的妻子不同；他们需要抚养孩子，而我们中的大多数并没有这个负担。他们中的许多人更多的是以企业的心态在工作，而不是职业服务的心态。并且有时候，当我们拼尽全力想让企业文化各方面都尽善尽美时，他们对这些则没那么感兴趣。

能否适应强大的麦肯锡文化能说明很多问题，许多非 MBA 时常觉得他们处于次要地位。在入门学习的初期，他们中的很多人感到很吃力，也有的人最后被安排到比 MBA 的工作更边缘化的项目中。

现任总经理巴顿也是一名非传统雇员，作为罗德奖学金获得者，他于 1986 年开始在多伦多办公室工作。他刚进入公司时，有一点儿不舒服：“刚开始时我的确感觉到有些异样。当我到达公司时，感觉有些同事好像在想：‘这个家伙是谁呢？他真的被录用了吗？’”罗德尼·赞梅尔（Rodney Zammel）是项目早期被雇用的分子生物学家，现任所有公司招聘的全球监督部主管。他回忆起招聘他的同事第一次面试他的情景时说：“他这样开始我们的讨论，他告诉我‘这只是公司的一个实验’。他鼓励我，同时也有一些期待”。麦肯锡咨询公司的一名现任主管路易斯·库尼亚（Luis Cunha）也表达了相似的看法：“这类人群代表了他们自己的文化变化形式，对公司而言，做出这样的改变并不容易。”

事实上，在20世纪80年代末，非MBA在北美办公室的成绩反映了这样一个事实，即许多人对非传统招聘的异议都来自内心的偏见。迪比亚西欧回忆说："在房间里，有片刻的尴尬。"然后他又回忆起在斯坦福大学的会议上，他和招聘领导者在人才战略决策上的争执。"尽管我们竭尽全力发挥MBA的才能，但数字还是表明，非MBA在相同的情况下没有被选为伙伴。如果我们要超越传统的途径做出真正的改变，有些东西我们就必须去面对。"

为改变而促成决策

1988年，格鲁克成为麦肯锡咨询公司的总经理，他是推动公司人才战略的核心人物。最终发展成形的新人才战略决策为公司带来了许多新雇员，绝大多数当时的同事和后来的观察者将格鲁克视为推动变化的真正动力。

在拓宽麦肯锡咨询公司人才招聘渠道方面，格鲁克有着独特的个人优势。他成长于布鲁克林的一个天主教大家庭，后来在曼哈顿学院求学，而后在纽约大学获得学士学位，接着在哥伦比亚大学完成了运筹学专业的研究生学业。在贝尔实验室当工程师期间，他做的是导弹制导系统方面的工作，而后成为斯巴达导弹项目的项目经理，后来他开玩笑说，这让他"有足够底气宣称自己有实力去从事火箭科学方面的工作"。1967年，在一个突如其来的职业调整中，格鲁克结束了在麦肯锡咨询公司的职业生涯。他的聘用是公司寻找非传统型人才的典型例子，尽管一开始他并不从事专职工作，却能给技术公司的客户提供专业有力的意见。

在格鲁克刚进入公司后不久，因为自己是非MBA，因此遭遇了前所未有的偏见。他讲述了自己早期在公司的一系列经历：他必须努力争取跟客户碰头，同时跟同事的偏见作斗争，他们将他看成次要人员而孤立他。根据公司的信用标准和业绩，格鲁克以其聪明才智赢得众多客户。他的成功让每个人印象深刻，最终成为公司的一员。1976 年，他得到再一次提拔，成为总经理。

在格鲁克的客户工作之外，另一件事也让他出了名。通过挑战公司的偏见和他的前任总经理罗恩·丹尼尔，格鲁克更加积极地提出更多基于分析的战略，以更好地应对市场需求。在一封写给丹尼尔的非常著名的备忘录中，他戳痛了麦肯锡咨询公司，让其直面来自亨德森和波士顿咨询集团的竞争威胁。丹尼尔聪明地将这个挑战变成了回应批评的新任务。

在 20 世纪 70 年代末和 80 年代早期，格鲁克采取了一系列举措，通过进行关于战略和其应用的智力辩论，以构建麦肯锡咨询公司特有的知识。同样地，他促进多个雇员间进行不间断的知识合作，后来形成了第一批功能性的事务群体。等到被任命为总经理时，他在整个麦肯锡咨询公司声名鹊起。作为一名雇员，他让麦肯锡咨询公司更加明确地依靠独特思维和知识在竞争中取胜，并且，他继续致力于让其成为企业文化中更加杰出的部分。

格鲁克开始急切地将这种新认知转化为公司的新人才理念。虽然他现在已经认识到联合所有 MBA 战略理念的重要性，但作为一名自豪的非 MBA，他知道商学院并不是找到聪明人的唯一场所。纵观整个公司非 MBA 的晋升道路，再结合自身的成功，他知道麦肯锡咨询公司真正需要的并不是这样那样的文凭，而是具有高超分析能力和创新才智的与众不同的人。越来越多的数据开始表明，麦肯锡咨询公司在哈佛商学院和其他这类机构的招生质量已经达到了极限。格鲁克分派任务给他的朋友和北美办公室的小组成员迪比亚西欧，让他们主动出击，想办法雇用更多“聪明人”，当然并不局限于 MBA。

聪明的决策从来不是唯一的

如果这个标题听起来就像是所有的决策都由总经理提前宣告，那么，这将是对麦肯锡咨询公司破解问题的方法和其企业文化的根本背离。格鲁克强有力地证明了这一点："没有单一的决策。我们不是某天晚上喝多了酒，然后晕头转脑地说'喂，天才提出新方法的时间到了'。相反，聪明的决策总是不经意地穿插在不断的尝试、争论和讨论中，然后才得出最终决策。"

当同事讨论这些年的工作经历和麦肯锡咨询公司的总体企业文化时，他们不约而同地达成了一致观点。乔恩·卡岑巴赫（Jon Katzenbach）是前纽约圣弗朗西斯科办公室的主管和公司组织实践事务的一名领导者，他评论说："我们不会在很短时间内做出决定。我们的价值理念鼓励辩论和不同意见的存在，因为有时，不同意见代表责任心。"**融洽的同事关系为不同观点的表达提供了某种"安全距离"，也正是在这种安全距离上，最终行动方案形成。**我们使用数据而不是自我和层级制度来找共同点。"瓦斯拉鲁（Vascellaro）用一个滑稽的比喻表达了相似的看法：

> 你必须记住这家公司的DNA。在团队、办公室乃至全球，该公司有1 000个正在进行的实验小单元。这些年我们做了很多事情，聘请律师、罗德奖学金获得者，尝试不同背景的人们、迷你MBA，以及其他种种努力。当把大量已经被证明和学会的东西放在一块时，招聘非MBA的正式计划才得以形成。

所有这一切都表明，认为招聘的新方向不是个人能决定的，也不受领导者个人努力影响的假设是不对的。静听迪比亚西欧讲述那段时光，听者会了解到，在麦肯锡咨询公司和外部市场上，一系列批判性的微小决策被提出来，然后得到验证，最后才推广开来。并且很明显，他和格鲁克经常就是推动这些决策的人。现今的麦肯锡咨询公司之所以能成为人才多元化的公司，正是1991年的种种决策为其打下了基础。

在这一年，经过反反复复的分析和否决之后，新的人才战略终于形成，那就是将寻找人才的渔网撒到更多名望不是很大的商学院。迪比亚西欧和他的招聘同事则将目光放到那些博士、律师和医生以及其他不同职业的人身上，这类人虽然自身不在商业领域，但表现出了很高的智力、高超的分析技能、创造性思维和能够影响更挑剔客户的潜在个人魅力。为了将真正的力量付诸实践，迪比亚西欧在考虑了一些成功的关键因素之后才做出决定，这些因素在众多领导者的商议讨论中成型发展，这些领导者包括格鲁克、威廉姆斯、瓦斯拉鲁，还有其他同事和招聘管理者，特别是天才领袖卡伦·基德尔（Karen Kidder）。当这个群体宣布做出关于追求人才库的清晰决策时，对于整个公司来说是一个前所未有的时刻。此时，公司内部意见一致，已足以开展这种人才战略，因为内部市场已经逐渐认同这一方法。

第一步，他们需要改变已经形成的语言，而这语言正逐渐走向舞台中央，成为主导。正如迪比亚西欧所回忆的："我们停用了'非传统招聘'这个词语，并称之为'天生运动员'计划。我们想要发出的信号是，就像迈克尔·乔丹能拿下任何一种体育运动，非MBA不管做什么工作，即使不是他们的专长，也总能取得优秀的业绩。"

第二步，经典的麦肯锡分析法会在这个过程中被使用。顶级博士学院、医学院、法律学院、研究生和公共政策学院，还有其他职业教育项目以及这些高等教育机构的负责人，一个接一个，在迪比亚西欧和基德尔的会议之后，会被进行全国性的扫描。这样做的目的是，对校园里目标招聘者的潜能、适当的人才库规模和可行性，以及这些毕业生正在做的工作的性质进行一个全面摸底。同时，他们也在兜售这样的概念，即对这些毕业生而言，在麦肯锡咨询公司工作应该是一个值得考虑的公平选择。迪比亚西欧又说道："我们要寻找的是渴求'给我一个机会'的人，有一些人讨厌我们妨碍他们的计划，但许多人接受这个想法，所以我们就跟后一种人合作。”同时，在搜寻“天生运动员”的过程中，基德尔和她的招聘管理者开始设计更多的专业方法来招聘。公共政策型人才和物理学或历史学博士通常对商界的事比较陌生，更不用指望他们知道麦肯锡咨询公司是干什么的了。公司发明各种方式并且通过反复试验来招聘潜在候选人，麦肯锡咨询公司的员工还通过专门的社会事件、智力挑战赛以及其他成功的非 MBA 员工认定的有希望的人等多种方法寻找候选人。

巴顿回想起在牛津大学求学时，与麦肯锡咨询公司招聘者的第一次接触：“我记得，他们做的小组陈述给我的印象并不深刻，我甚至感觉有点机械，而且，他们并不是真正懂得我们是什么样的人。但当麦肯锡咨询公司主管阿里·汉纳（Ali Hanna）把我叫到一边进行了一次非正式谈话之后，一切都改变了。他简单地跟我说：‘我从事一项解决客户麻烦的工作，它很有意思，我希望你的想法能帮助我解决问题。’这是一次愉快的谈话，这之后我明白这就是我希望工作的地方。”

支持与成功

为了让人才计划成功落实，“天生运动员”招聘团队努力研究、探寻，同时，他们还得尽力让内部员工接受它，以确保计划顺利实施。进程中的每一步都有很多问题需要解决。迪比亚西欧号召工作年限较长的同事的支持，他们通常是办公室的管理者，这么做就能确保来自领导者的决定性的承诺，他们不仅会支持这项计划，还承诺在主要工作和重要实战中配备新员工。瓦斯拉鲁这样回忆到。

> 迪比亚西欧从一个办公室走动到另一个办公室，眼神坚定地看着同事。他说：“瞧着吧，我会把你们要的超级明星和人才送过来，但你们必须向我承诺，你们会真正把他们安排到你们的队伍里。”他和招聘团队用了很大的心思为这些新成员游说，就是为了让他们被分配到公司“富有

同情心”的契约主管身边，并且，对所有他们珍视的人员，他们都保持密切追踪，必要时，他们还会介入，以增强自己融入公司的机会。

尽管很多人对进程的非正式性议论纷纷，但迪比亚西欧和其他人一起向挑剔的人事委员进行游说，有时甚至会争论，这些人事委员包括，评估候选人成为合伙人资格的委员会，以及在成为合伙人后，对其工作中的表现进行评估的委员会，即所谓的 PCEC 和 PRC。“再次强调，我们要的只是一个机会：评估委员会能给予这些新员工一个平台，而且，一旦他们的最终表现得到公正评估，在以后的日子里他们也应该受到公平对待。”

在衡量麦肯锡文化是分散式的还是民主式的这一问题时，先来看看一个有趣的现象。在有关人才战略的这项决策过程中，对于公司股东委员会（SHC）是否参与和如何参与的问题，主要参与者意见不一。对理事会来说，股东委员会是麦肯锡咨询公司理事会下设的联系最紧密的公司委员会，它通常的工作是对草率决定的“同意或不同意做某件事”给出建议，这有赖于该公司强大有力和值得信赖的员工文化。回顾过去，格鲁克坚持认为“股东委员会并未做决策”，他的助理，也就是公司当时的营运主管吉姆·古德里奇（Jim Goodrich）也对此表示同意：“我们认为这么做没必要。”格鲁克仍然记得和委员会就项目概念进行的一次重要讨论，威廉姆斯在一次股东委员会上对其做了详细的解释：“对于这个项目，很多人抱着消极的态度，直到格鲁克来到桌前，指出半数参会者自身就不是 MBA，那之后我们获得了我们需要的支持。”

将决策制度化

迪比亚西欧、基德尔和其他招聘者的人才战略完成得很成功，大多数新员工崭露头角。随着这些“天生运动员”开始取得成功，越来越多同事入伙加入麦肯锡咨询公司的“天生运动员”计划。不久以后，这项计划被更改为正式的机构名称：高等专业学位计划（Advanced Professional Degree Program），这就是麦肯锡咨询公司今天的支柱：APD 计划。迪比亚西欧总是会回忆起那些招聘者和支持者努力建立支持网络，以及在研究生学院和其他专业计划中进行各种宣传的情形。随着迷你 MBA 计划的不断改进和扩张，以及成功通过 APD 计划使学员的数目增长，吸引和培养一批又一批的“非传统者”变得更加容易。再一次，麦肯锡咨询公司践行的分析性思维在这一项目中得到成功应用。招聘团队一方面对能提供优秀雇员的机构进行追踪，另一方面通过监督伙伴对不同办公室的新雇员在其客户工作上的表现进行严密追踪。每一年，他们都会对如何找到这类人以及如何让他们获得成功的模式进行修改。

这是一个常见的组织学习和持续改进的案例，如果解决问题的过程并不总是可预测的，它会遵循特定的规律。随着“尝试 - 学习 - 改进 - 聚焦”良性循环的模式植入公司如何发现和培养新人才类型的过程，在招聘上的努力将变得更加灵活。今天，据该公司人事部主管米歇尔·杰拉德（Michelle Jarrard）估计，与 20 世纪 90 年代的约 10% 相比，大约 20% ~ 30% 的北美办公室同事来自 APD 计划。虽然没有人宣称与这个“非决策的决策”的影响有因果关系，但据推测，过去 20 年经济上的成功更应该归功于这项人才战略计划。一些外部人士估计，过去 20 年中，麦肯锡的经济效益增长超了 6 倍以上。当时公司的招聘主管威廉姆斯说：“作为一家公司，我们的成功一直取决于整合各类新员工，然后培养他们完成工作的能力。”

从“二选一”到“兼容并蓄”

在麦肯锡咨询公司，一批又一批具有多样性背景的人才，如医学博士、物理学博士或者国际公共政策制定者等，现在正在被正常接纳，和其他同事的整体表现比起来，他们并没有差别。虽然队伍里仍有大量哈佛的 MBA，但安排一些取得巨大成就的学者或科学家作为他们队伍一员的想法，几乎没有几个麦肯锡人会产生质疑。反对多元化的源头在现在这一代成员身上已经消失，虽然没有人怀疑这件事的重要性。所以，像库尼亚这样活跃的公司招聘主管会说："虽然我不知道是谁想出来的，但很明显他们是些聪明的家伙。"杰拉德说道："我从未接到过来自同事的，诸如'我不能和某位物理学家在一个队伍里共事'的关于员工分配问题的电话。现在这种理念被当作公司的一股力量被广泛接受。"引用总经理巴顿的评论来说："在这个团队里，有着很多标志性的时刻，但在那时我们没有意识到它们。"

更加多元化的麦肯锡人才库同样代表了另一个长达数十年之久的内部争论，还反映了通才、专才、MBA 技能、其他分析性和非分析性观点之间的建设性碰撞，这是大家一致同意的。关于麦肯锡式的全球咨询如何取得成功的必要条件，从以前对"二选一"的争论演化为对更加微妙的"兼容并蓄"的讨论。正如行政主管和公司招聘部主管布莱恩·罗尔夫斯（Brian Rolfes）所说："员工背景的多元化帮助我们解决了问题，这是我们所做事情的核心。"现在的合伙人也提到："如果他们团队有分子生物学博士或医学博士，他们就更能为客户提供足够的专业知识，同时还能赢得这一行业高管的信任。"

关于特殊专业背景人才造福特定行业的情形，还有一个故事可以跟大家分享，讲的是一个专业团队为客户提供与众不同的解决方案的故事。关于行业难题，虽然他们没有接受过专门教育，但能为客户解决问题并找到独特的突破方法。另外，杰拉德和巴顿都说，如今，麦肯锡人才库的多元化正迅速被重新定义，这种定义超越了教育背景、种族、性别和性取向。

去做吧，去尝试吧

我们叙述的决策从解决问题的拓展过程中形成，换句话说，它是在越来越多的“去做吧，去尝试吧”的实践中形成的，不是一蹴而就的。市场需求、个人主动性、股东辩论迅速获得制度的支持，它们使用分析和实验以支持该案例，持续几年后，一项战略决策形成并付诸执行。没有人知道形成该决策的确切时间，而且，如果在该案例上的早期努力是失败的，毫无疑问该决策会被逆转。然而，因为最初的决策被证明是成功的，一段时间之后，它便会演化成正式的战略和计划。

我们来看一下这个案例。在这个案例中，“是什么”和“怎样做”总是被放在一起考虑。该案例成功的关键是解决问题的过程和强大有力的文化后盾之间的紧密联合：即深厚的麦肯锡价值观念和员工特有的工作方式。

曾经，企业文化被认为是专业化管理的边缘化或模糊领域，这些年，企业文化作为企业具有重要影响力的一面，越来越成为焦点，它在埃德加·莎因[①]教授的研究中被视为是最重要的成就。莎因和其他学者已经得出“行为、价值、假设”如何定义企业文化，以能够在人们的组织行为与思想上施加影响的原理。文化能帮助解释个体是如何追求他们认为的通往成功的路径，以及为了让别人也进入这个领域，他们又是如何教化别人的。信念和文化假设形成形式决策有的时候是强迫性的。一个组织的文化不能从它所显示的集体判断中分离。

正如经常指出的那样，麦肯锡咨询公司的很多决策不是做出来的，而是“随着时间发展形成的”。这是多重的、相关联的维度相互作用的结果，并成为该公司创始人马文·鲍尔“我们的工作方式”的一个部分。观察这种文化的一些最重要的元素，我们就会发现，1992 年让人才库更加多元化的“决策”是很有价值的观点。

也许，最重要的是，自我管理和共同责任的二元性，正如米歇尔·杰拉德所说：“我们经常陷入矛盾的冲突中，但这些价值给予了我们一个谈论它们的方式。”自我管理是这家公司坚决主张的，它不能被公开交易和为自己管理事务。对个人而言，特别是员工，它代表了一个人想要做、如何做以及什么时候做的自由。它的相应观点是，每一个人的见解对其他任何人和公司整体更大利益都承担责任。

正如莎因教授可能注意到的，共同责任的观念由许多行为、信念和假设构成。它们包括麦肯锡咨询公司所拥有的一些关键要素：

◎ 员工共享一个共同的收入池，严格禁止外部销售或股票投机行为。

◎ 激进的“要么晋升，要么走人”文化。在这里，人们定期评估同事的业绩，公司最有地位的人也不能例外。

① 埃德加·莎因（Edgar Schein），世界著名管理大师，被誉为“企业文化理论之父”，其经典著作《企业文化生存与变革指南》精辟地分析了企业文化的变革之道。此书中文简体字版已由湛庐文化策划，浙江人民出版社出版。——编者注

◎ 员工参与度高和反等级制的决策文化。比如“发表不同意见是一种责任”，当出现给客户的意见欠妥或给公司的意见欠佳的情况时，这一条就鼓励了不同意见的表达，哪怕它们来自年轻的分析师和其他同事。

这种文化混合物将各种矛盾聚集在一起，成为一直被强调的最重要的信任观。正如格鲁克所说：“我们一直都怀揣的信念是，我们的同事表示不同意是出于好意，而且也是因为我们要做正确的事情，并非为了个人私利。”这种文化也与英才制度和透明度相关，格鲁克自己就一直把它叫作“最佳想法的市场”，连同一个关于透明度的预期，这里还有共同责任，公开证明为什么有的人会被推荐，然后展示该成员的履历。

这样一种氛围创造了对传统的尊重与对创新的包容之间的完美平衡。对公司的爱激励着麦肯锡咨询公司具有竞争力的人们，不仅珍视已经取得的成功，而且继续寻找新的方式让事情变得更好。大多数新想法起始于一次交谈，然后被讨论，接着付诸实践。而且，如果在一开始只是进行实验，然后接着估量什么会起作用，但又不能从头到尾坚持此过程，这时候风险就会发酵扩大。所以，如果说，决定追求和实施新人才战略代表的是那段时期麦肯锡咨询公司 MBA 企业文化的转变，那么允许公司去开发、测试和最终适应变化，也是更宽广的文化传统。麦肯锡咨询公司的领导者如今都认为，人才战略决策是一个成功的改变。公司人事部主管杰拉德评论道：

> 从根本上来说，我们实际上是在决策上进行竞争；这也是我们能带给客户的。目前，我们拥有众多多元化人才，我们还将继续储备更多这样的人才，因为他们让我们一步一步做得更好。

JUDGMENT CALLS

第二部分

构建数据与分析战略，做出可持续性决策

JUDGMENT CALLS

第二部分包含三个案例，每个案例都以各自的方式展示了组织开始系统地运用技术和分析手段制定更深入、更可持续的决策。这些案例中也包含了其他主题的元素，一些我们在前面已经探讨过了，例如，问题解决流程、参与型员工敬业度，还有一些我们将在接下来的章节中着重探究，例如，文化和领导者营造合适氛围的作用；数据和分析战略的运用对于应对决策制定的挑战而言，尤为重要。

第二部分首先会介绍医疗行业的一个案例分析，对象是位于波士顿的美国联盟医疗体系（Partners HealthCare System），然后谈到了最先进的系统集成公司高知特（Cognizant），对此读者大概早已猜到了。在公司内部的决策制定过程中，战略性地使用最新技术工具已经成为高知特公司运营模式中不可或缺的一部分。本部分的结尾跳到了另一个领域：公共教育，案例分析的对象是北卡罗来纳州夏洛特的一个学校系统。这个案例标志着，使用分析手段提升学生学习成绩的这场革命已扩散到了学校。

JUDGMENT

CALLS

04

智能医疗，治愈患者的最佳方式

医学博士布莱克福德·米德尔顿（Lackford Middleton）是美国联盟医疗体系的一名内科医生，他能在病人开口讲话之前就知道问题出在哪里。一位中年男性患者走进他的办公室时，他听见了患者的咳嗽声，当患者坐下时，他看见了患者手帕上黏液的颜色，甚至注意到这个患者从候诊室走到办公室时无精打采的神态。“像是上呼吸道感染。”他自言自语道。这个病人似乎真患有上呼吸道感染，可能是鼻窦感染或者鼻窦炎。

米德尔顿当然会诊察他的病人，不仅仅是靠猜测。他确定上呼吸道感染的所有典型症状都是具备的。不过在诊察的时候，病人说“服用了抗生素后”他通常会感到好一些。

米德尔顿心中有些打鼓。众所周知，大部分上呼吸道感染是由病毒引起的，而且只有在人类整体抗生素抗药性增加时服用抗生素才能起效。之前，他就已经发现患者并没有必要服用抗生素，但患者不知道这点，他也不想因为这点跟患者争论。

然而，对于这个患者，他决定试用以前已经成功使用过几次的方案。他的另一个身份是美国联盟医疗体系的临床信息研发部门（CIRD）主任，米德尔顿曾经领导开发了一种新的试用工具——一种智能表格。同时，他自己也是这个临床试验的试点用户之一。这种智能表格能够获取病人的电子病历（EMR）数据，然后与医生的观察相结合，从而在病人就诊时制定出治疗意见和说明。

之前，米德尔顿就已经发现，在面对相同意见时，病人往往觉得联盟医疗体系给出的治疗建议比医生给出的更让人信服。因此，他把一些与病人相关的信息输入了智能表格，并且询问治疗意见。正如所料，智能表格给出的意见指出，病人的上呼吸道感染由细菌引起的可能性很低，而且还明确指出，服用抗生素的治疗方案是不可取的。米德尔顿将屏幕上的治疗建议指给病人看。“本来我是想给你开抗生素帮你脱离困境的,但你也看到了,事实上这样对你并没有好处。”他解释道。

就像以前一样，智能表格和他的进一步解释往往能够奏效，病人会接受建议，服用咳嗽糖浆缓解症状，消灭病毒。米德尔顿自己寻思道，智能表格的优势并非他和同事们最初设计时预料的那样。不过，能够避免争吵，他还是很满意的。

运用联盟医疗体系的信息和知识减少医疗事故

联盟医疗体系是波士顿地区大型的学术医疗中心，由 12 家医院组成，包括 7 000 多名医生，每年接待 400 万名门诊病人和 160 000 名住院病人。这也是一家非营利性组织，总收入高达 80 亿美元，而且每年投资超过 10 亿美元用于生物医学研究。同时，它也是哈佛医学院主要的附属教学机构。

与很多联盟医疗体系的工作人员一样，米德尔顿同时从事科研和临床工作。他在联盟医疗体系的主要职责是监管临床信息研发部门，这个部门成员众多，拥有大约 80 名工作人员，而且是联盟医疗体系的一部分。和米德尔顿一样，该部门的很多工作人员拥有多重高学历。米德尔顿拥有医学博士学位、公共健康硕士学位以及医疗服务科学硕士学位。临床信息研发部门的职责是：

> 通过将目前最发达的与医学信息学（临床计算）相关的知识纳入联盟医疗体系的临床信息体系以提高其医疗质量和效率。

临床信息研发部门的职责还包括，帮助制定关于联盟医疗体系应该怎样运用临床信息体系的战略，同时提高生产系统的能力和制定实验性方案，例如智能表格。该部门的工作为联盟医疗体系成为全球范围内运用数据、分析以及计算机知识提高医疗水平的领头羊发挥了重要作用。如果这些还不够，该部门还拥有几个由美国政府卫生机构资助的项目，其目的是将它为联盟医疗体系开发的一些工具和方案适用于更广泛的医疗服务体系。

米德尔顿和他在临床信息研发部的同事一直在不断地推进联盟医疗体系的工作，他们也能够从中获利。智能表格的先进性是建立在一系列多年来已经实施的课题和技术之上的。米德尔顿和他的这些精英同事是当之无愧的临床信息学巨人，不过，他们是站立在其他一些巨人的肩膀之上的。

波士顿盛产很多这样既擅长技术又擅长医学的巨人。在这些同心协力推动联盟医疗体系临床制度发展的波士顿巨人中，卢西恩·利普（Lucian Leape）和唐·贝里克（Don Berwick）推动了临床制度的发展，迪克·尼森（Dick Nesson）和约翰·格拉斯特（John Glaster）则开创了这些制度。

利普是新英格兰人，瘦高个，表情严肃，白发苍苍。一位编辑曾这样描述他：

> 利普是美国现代患者安全运动的发起人。作为哈佛大学的教授，他在20年前将自己的事业方向从小儿外科临床实践转向致力于研究医疗失

误产生的原因，以及提升患者安全水平的措施。最终获得了一些具有突破意义的研究成果和结论，这些成果和结论促使关注的热点从“糟糕的人”转变为“糟糕的制度”，他为此写了一篇医学研究报告《人皆有过》（*To Err is Human*）。

贝里克曾是波士顿的一位小儿科医生，他在规避医疗失误程序方面具有浓厚的兴趣，并且也获得了深厚的专业知识。最终，他创立了医疗卫生改善协会（Institute for Healthcare Improvement），这个组织和世界各地的很多医院和医疗服务人员一起致力于减少医疗失误和拯救患者的生命。

1999 年，利普和贝里克在《人皆有过》中曾向美国医学研究院（Institute of Medicine）提出过建议。据文献记载，在美国，每年大约有 10 万例死亡事故和 100 万例受伤事故都应该归咎于医疗失误。

布莱根妇女医院（Brigham and Women's Hospital）院长尼森认识利普和贝里克，而且该医院曾参与过两位专家主导的科学研究和质量改进项目。同时，尼森也赞助了多项布莱根妇女医院关于各种类型医疗失误和错误运用医疗服务的科研项目。1995 年的研究表明，超过 5% 的患者在接受医疗处理时对处方药有不良反应，而且，43% 的这些住院患者反应都很严重，甚至是致命的。在这些可预防的反应中，一半以上是由错误的药物处方导致的。一项由该医院外科重点监护病房医生安排的 6 个最常见实验室试验的研究证实，几乎一半的实验在临床上是多余的。另一项研究则证实，一半以上的特定心脏药物处方是错误的。总之，正如伟人理论不能催生有意义的公司决定一样，在医疗环境里，每一位医生的直觉和判断并不是很好使，即使是在全球最好的医院里。

降低医疗失误的有效途径

1994 年，在布莱根妇女医院和马萨诸塞州综合医院以及其他几家医院整合力量组建联盟医疗体系之前的几年，利普、贝里克和布莱根妇女医院其他科研人员曾劝说尼森必须采取措施处理医疗失误上的问题。他知道有很多因素导致医疗失误的频发，尤其是药物治疗失误。他确信解决这个问题的途径之一是运用信息系统。随后，他开始和格拉斯特，也就是他的信息主管探讨医疗失误产生的原因。

格拉斯特于 1988 年来到布莱根妇女医院任信息主管。他拥有医疗保健信息系统的哲学博士学位，而且一直是医疗保健行业的 IT 战略顾问。他身材高大，戴一副眼镜，拥有不同寻常的智慧、热情、真诚以及轻松的幽默感。从格拉斯特第一次在布莱根妇女医院任职起，玛丽·芬利（Mary Finlay）就一直在他身边工作，时间长达 20 多年。芬利处理了布莱根妇女医院以及后来的联盟医疗体系 IT 机构的大部分日常行政事务。因此，格拉斯特才能够做出大项目，取得好成绩。

任何一家医院临床信息系统的基础都是临床数据库，里面存储了所有患者的信息，包括他们的健康状况和接受治疗的情况。20 世纪 80 年代，布莱根妇女医院一直都设有住院患者临床数据库。1989 年，尼森和格拉斯特开始在布莱根妇女医院制定门诊患者的电子病历（EMR）。这种电子病历为临床数据库提供了门诊患者的信息。该医院是率先制定电子病历的几家医院之一。虽然马萨诸塞州综合医院早在 1976 年就已经开始制定第一份全功能电子病历，但截至 2010 年，大约只有 8% 的美国医院具备全功能的电子病历。

临床数据库提供了患者的基本信息，不过，它并没有从根本上解决很多医疗失误的问题。格拉斯特和尼森一致认为，除了制定数据库和门诊患者电子病历以外，还需要一些设施，这样医生们才能够输入药物、实验以及其他治疗方案的在线处理信息。在线处理方案又称为 CPOE 或者计算机化医生医嘱录入系统，不仅能够解决由来已久医生书写潦草的问题，而且，如果加入一点智能，还能够检测某一特定的处理方案对特定患者是否有效。某一处方是否符合著名医学实践，而且患者以前是否对此有过不良反应，是否同一化验做了 6 次而没有任何疗效？指定给一个患者的专家是否涵盖在她的健康计划之中。如果这一系列医学和行政知识能够被纳入系统之中，我们才能够预防那些危险又耗时的医疗失误。

虽然尼森和格拉斯特率先以实际行动认识到了这样的前景，但他们并非唯一相信其重要性的医疗制度观察者。例如，2009 年，美国国家科学院的一项研究这样描述问题的根本症结：

> 这些接连不断的医疗失误问题并不能体现医疗专家的无能。相反，从总体上来说，它们是医疗保健行业内在知识复杂性的结果，同时也是缺乏正确管理以帮助临床医生避免失误或者系统提高他们决策和实践能力的医疗环境带来的结果。行政和组织的分散，外加上复杂、发散、含糊的权力和责任界限，进一步使医疗环境复杂化。

尼森和格拉斯特知道，除了 CPOE 以外还有其他途径可以降低医疗失误。一些从业者协会，例如犹他州的山间医疗保健公司（Intermountain Healthcare），一直在密切关注医生是否完全遵守公认的医疗协议。其他机构，例如加利福尼亚的凯撒医疗集团（Kaiser Permanente）和克利夫兰诊所（Cleveland Clinic），通过激励所有从业者齐心协力切实地为患者工作，将保险和医学实践结合在一起。尼森和格拉斯特虽然很赞赏这些方案，但他们认为，在联盟医疗体系这样的学术型医疗中心，这些方案的作用不会那么明显，因为这里的医生有些自以为是，而且每一个部门往往只在乎自己在科研和实践创新方面的荣誉。通常来说，智能系统似乎是提高联盟医疗体系患者治疗水平的最佳方式。1989 年，布莱根妇女医院着手实施其 CPOE 系统。

1994 年，布莱根妇女医院和马萨诸塞州综合医院合并组建联盟医疗体系，在新的体系中，每一家医院仍然享有相当高的自主权。从两家医院合并时起，它们一致同意使用一种被称为纵向病历（LMR）的普通门诊患者电子病历以及布莱根妇女医院设计的智能 CPOE 系统。这是支持 CPOE 系统的有力表现，因为这两家医院之间向来竞争激烈，而且马萨诸塞州综合医院也拥有自己的电子病历。

最大的挑战可能在于，要使扩大的联盟医疗体系内众多医生能够适应纵向病历和 CPOE 系统，由 6 000 多名实务通才和内科专家组成的网络分布在波士顿市区各地，而且得经常出诊。很多人缺乏实施该系统的 IT 或者电信基础设备，因为制作一份门诊患者电子病历，平均每位医生需耗资 25 000 美元。在充分运用联盟医疗体系提供的 CPOE 系统方面，医生缺乏经验。

格拉斯特跟联盟医疗体系 IT 组织致力于将纵向病历和 CPOE 系统普及到不断增加的合作医院以及医生群及其医学实践中。为了引进更多的医生参与其中，联盟医疗体系和保险公司商谈了奖励计划，奖励那些提供纵向病历和 CPOE 系统信息的医生。截至 2007 年，90% 的联盟医疗体系医生群使用这个系统。到 2009 年，100% 的医生都在使用。截至 2009 年，每小时有 100 多条处理信息输入 CPOE 系统。

事实证明，纵向病历和 CPOE 系统的组合非常有助于避免医疗失误。发生在住院患者身上的药物不良事件、错误地使用药物事件或者患者过敏性事件的概率平均只有 0.014%。但在布莱根妇女医院使用纵向病历和 CPOE 系统之前，这个数字几乎是 11%。当布莱根妇女医院广泛地使用了这些系统之后，住院患者药物不良事件的概率只有 0.005%，降低了 55%。

对这种强调数据的患者治疗方式感兴趣的不仅仅有联盟医疗体系，很多其他医疗组织，如医院和医生事务所，都开始采用纵向病历和 CPOE 系统。事实上，美国政府已经决定出资在全美实施这些系统，而且提供了近 400 亿美元的经济刺激资金给那些既实施这些系统又以有意义的方式实施这些系统的组织。负责这项政府项目的是美国国家信息技术协调员戴维·布鲁门撒尔（David Blumenthal）博士，他是马萨诸塞州综合医院的内科医生兼研究中心主任。格拉斯特利用自己在联盟医疗体系工作的一年时间和布鲁门撒尔一起研究过这些问题。因此，联盟医疗体系应该是那些能够迅速普及的技术的最早期也是最有影响力的使用者。如果一切顺利，其他医疗从业者也将获得相似的收益。

联盟医疗体系的临床知识管理

除了帮助普及纵向病历和 CPOE 系统以外，联盟医疗体系面临的一个重大挑战就是，必须监管那些通过这些系统以及其他系统提供给医疗从业者的临床知识。“智能 CPOE”战略要求这些知识必须在线、易使用，而且易于更新，只有这样，医疗从业者在与患者进行实时互动时才能够参考和使用这些知识。

还有很多其他在线知识工具可供联盟医疗体系的工作人员使用，例如医学文献检索系统，它们统称为联盟医疗体系手册，每位联盟医疗体系的工作人员都可以使用。当 CPOE 系统在布莱根妇女医院广泛使用之后，曾经有人比较过手册的在线使用情况和 CPOE 系统中知识的使用情况。仅在布莱根妇女医院，CPOE 系统每天有 13 000 多次的访问量，但手册的日常访问量只有 3 000。因此，我们仍需努力使尽可能多的高质量知识能够输入 CPOE 系统。

联盟医疗体系存在的知识问题并不是知识的缺乏。事实上，很多医院、实验室、部门以及个人所面临的问题都属于知识过剩。问题是应该怎样管理这些知识。一位拥有 MBA 学历的医生托尼娅·宏塞迈耶（Tonya Hangsermeier）曾经负责管理联盟医疗体系的知识库，她计算过联盟医疗体系存放那些基于规则而又没有集中管理的临床实践知识的地方。最终，她找到了大约 23 000 处。这些知识以各种形式存放：纸质文件、计算机屏幕截图、工艺流程图、参考资料以及关于临床结果的数据或报告，这些知识七零八落，无人问津。

当时在米德尔顿临床信息研发部门工作的宏塞迈耶开始着手创建一个知识工程和管理工厂，这个工厂能够获得联盟医疗体系的知识，能够以常见格式和中央储存库的形式保存知识，并且能够使这些知识为 CPOE 和其他像纵向病历这样的在线系统所用。因此，不仅必须具备一种新的计算机系统容纳大量构成这些知识的规则，而且还需要一个非常广泛的人力系统能够收集、证明以及保存这些知识。它应该包括如下的作用和组织：

◎ 一个由负责监督各区域临床实践的资深医生组成的委员会。例如联盟医疗体系药物治疗委员会，这个委员会评估和批准这些知识的正确性或是否为优秀的实践。

◎ 一组论题专家。他们将运用在线合作系统讨论和提炼这些知识，例如各种条件下治疗高胆固醇的最佳药物，或者针对糖尿病患者的最佳治疗方案。

◎ “知识编辑”的骨干队伍。他们将从这些群组中获取被正式认可的知识，并以基于规则的形式保存这些知识，这种形式将能够被在线知识储存库储存。

◎ 具备了这些人力和技术方面的基础设施以后，联盟医疗体系在组织和更新其在线知识环境方面取得了重大的进步。

联盟医疗体系的高性能药物

格拉斯特和他的合作医疗 IT 组织一直都得到了那些资深合作高管的支持，不过，在大多数情况下，他们参与旨在构建联盟医疗体系组织决策的活动只限于一部分医院以及那些想领先的医疗项目。因此，吉姆·蒙根（Jim Mongun）在 2003 年 1 月从马萨诸塞州综合医院院长的职位（自从 1996 年联盟医疗体系创建之后不久，他一直占据着这个职位）上换到了联盟医疗体系 CEO 的职位。自从尼森之后，格拉斯特在高管团队中还没有碰到过这样有实力的合作伙伴。

蒙根在任职马萨诸塞州综合医院院长期间一直很赞赏纵向病历和 CPOE 系统以及其他临床系统的价值。但是，当他成为联盟医疗体系 CEO 后，因为负责很多自主型机构，他开始改变看法了。

> 当我准备到联盟医疗体系任职时，我开始考虑什么才是真正的医疗体制。能够整合我们的关键因素之一是电子档案，我视它为我们共同拥有的，而且能够在使用、质量以及其他方面帮助我们的纽带。

蒙根和格拉斯特一致认为，虽然和其他机构相比，联盟医疗体系已经拥有完善的临床体制和知识管理体制，但仍然有很多问题需要处理，最重要的是，这些系统并没有在合作医疗方面得到广泛的应用，而且还必须制定措施以达到更高的水平。2003—2009 年，在与联盟医疗体系其他临床负责人一起共事期间，他们开始思考什么才是高性能药物（HPM）的创新。

格拉斯特这样评论一个团队为明确高性能药物创新细节而遵循的过程：

> 当摩根主政联盟医疗体系之后不久，他已经清楚地知道自己应该将联盟医疗体系引向何方。为了进一步明确计划，我们几个四处奔波，向

其他高度整合的医疗系统学习，例如凯撒医疗集团、山间医疗保健公司以及美国退伍军人管理局（Veterans Adminstration），寻求能够更好地整合我们体制的途径。

摩根总结道：

我们也正和一个由15～20名临床负责人组成的核心团队合作，而且最后提出了七八条创新建议，但这些建议需要进行择优处理。我们组织了一次择优投票以决定应该启动哪一项创新建议。这样，建议清单被压缩至只有5项创新建议。

这5项创新建议包括如下的明确方案，而且每一条方案应该由专门的团队负责处理：

◎ **创建IT基础设施。**这个团队的大部分初始工作已经完成，它包括已经普及到联盟医疗体系其他医院和医疗项目的纵向病历和CPOE系统。这个团队也负责处理患者数据质量报告、进一步提升知识管理程序以及改善患者获取数据的门户，这样患者才能够获得自己的健康信息。

◎ **提高患者安全度。**负责处理患者安全问题的团队应该关注以下4个特定方案：1.提供在一些关键领域，应该采用何种药物的决策支持，包括有关治疗肾脏问题的用药剂量和老年人的用药剂量方面的问题；2.当患者离开医院以后，向医生传达“具有临床意义的实验结果”；3.在患者治疗的过渡期间、医院转手期间以及处理完成以后，确保信息的有效传播；4.提供更好的决策支持、患者训练以及抗凝药物管理的最佳方案和标准体系。

◎ **统一的高质量。**这个团队负责处理特定领域的质量提升问题，包括基于医院的心脏、肺炎、糖尿病治疗以及戒烟；这些需要运用患者登记信息和决策支持工具。将智能表格方案的某些成分融入纵向病历和 CPOE 系统方面也是这个团队的主要责任。

◎ **慢性疾病管理。**负责疾病管理的团队专注于通过识别那些无须住院的患者并阻止入院，然后制定健康教练计划以处理那些急需救治的患者，例如，心脏衰竭的患者。这个团队也制定了一个新的针对可能想终止生命的患者的数据库。

◎ **临床资源管理。**根据吉姆·摩根的建议，这个团队负责关注怎样减少使用高价药物和图像服务；同时利用低科技手段（例如图表分析）和高科技方法（例如符合医生实际行为的模拟数据库），以更有效地利用稀缺资源。

总之，联盟医疗体系在 HPM 和相关临床体制创新方面已经投资了大约一亿美元，这些资金最终大部分都由联盟医疗体系医院和医生支付。为了跟踪进展，一份名为《关注 HPM》（*HPM Close*）的联盟医疗体系内部报告已经出炉，这份报告指明了该医疗机构在质量、效率和结构目标方面的现状和趋势。这份报告每季度发表一次，确保及时反馈联盟医疗体系内部的绩效衡量和支持问责等情况。

从矿井中找到金丝雀

联盟医疗体系虽然在很多基本的临床信息管理方面取得了重大进步，但在卫生和信息的交叉领域仍然面临很多问题，其中一个就是个性化基因药物领域，即依据患者的染色体、蛋白质组以及新陈代谢信息确定他们能够接受的特定治疗方案。联盟医疗体系已经创建了 i2b2 组织（整合生物学和临床的信息学），即国家生物医学计算中心，它由美国国立卫生研究院（National Institutes of Health）出资。作为 i2b2 的副主任，格拉斯特为联盟医疗体系个性化基因药物中心开发了 IT 基础设施。在个性化基因药物方面需要解决的问题之一是，怎样将相关的基因信息纳入纵向病历系统。

联盟医疗体系也试图将临床信息应用于上市后的监测，即当药物和医学设备投放到市场之后，监测其存在的问题。通过分析纵向病历的数据，一些联盟医疗体系的科研人员已经监测到了某些药物存在的副作用。确切地讲，研究科学家约翰·布朗斯坦（John Brownstein）的分析得出，马萨诸塞州综合医院和布莱根妇女医院的心脏病患者入院的预计准线自 2001 年起增长了 18%，但在 2004 年又回到了其准线水平。这些与关节炎止痛药 Vioxx 的起始时间是一致的。目前，只有当来自其他机构的科研人员发现这些问题后，我们才能识别这些问题。不过，联盟医疗体系的高管依然相信，他们有能力在早期就发现这些问题。该机构正与美国食品药品监督管理局和国防部合作，以加快检测程序。格拉斯特写道：

> 我们的潜力是巨大的，在很多方面情况将会好转，因为我们能够利用这些数据。联盟医疗体系确信的是，肯定存在一个能“从矿井中找到金丝雀”的更快、更集中、更高效，也更经济的途径。

联盟医疗体系也专注于使用通信技术提升患者的护理水平。由乔·克维德（Joe Kveder）博士领导的互联健康中心开发了一项领先的医疗设施——医生 - 医生在线咨询服务系统。该中心也在探索整合远程监控技术、传感器（例如能够显示今天是否服药的药箱）以及在线通信和信息，以提高患者对药物治疗方案、个人卫生投入以及临床结果的忠诚度。

在临床知识管理领域，联盟医疗体系已经完成了一项了不起的工作，即编写和普及智能 CPOE 系统的规则和知识库。不过，对于格拉斯特、米德尔顿、宏塞迈耶以及知识库管理主任罗伯托·罗查（Roberto Rocha）而言，每一家医学机构都创建自己的知识库显然是毫无意义的。因此，联盟医疗体系积极地帮助其他机构从事临床知识库的管理工作。米德尔顿、宏塞迈斯、罗查以及至少 13 位其他该机构的工作人员参与了一项重要的临床决策支持联盟项目，美国医疗保健研究与质量局为这个项目提供资金。这个联盟包括很多其他科研机构和医疗公司，主要专注于寻求使临床知识库能够通过由主要供应商提供的纵向病历和 CPOE 系统在医疗从业者中广泛普及的途径。

虽然取得了这些进步，但并不是所有的联盟医疗体系高管和医生都完全达到了能利用智能信息系统提高患者治疗水平的状态。例如，有些人觉得纵向病历和 CPOE 系统侵犯了医患关系。在一次访谈中，一位布莱根妇女医院的资深心脏病专家认为：

> 我碰上了一个医学算法问题。医生做出根本不适合患者的机械性决定，从医学的角度来看，这些也是一种很大的浪费。在开处方上，我没有任何选择，事实上所有的处方都是在线完成。我不得不说我正处于警示疲劳状态。每当我开出硝化甘油的处方时，我都警示自己患者绝对不会拿到伟哥。难道你不认为此时我很明白这个吗？对于在线治疗准则，在一定程度上我是很相信的，但一旦牵涉到计算机化准则，无论数据是否合理都是不可变更的。提出建议的同时，我们应该告知怎样确定这些数据。可能这些对于某些医生更有用处。如果你处于像心脏病学这样的次专科领域，你应该很懂这些。但如果你是一名内科医师，你可能只具备浅显的知识，因为你必须面对种类繁多的医学问题。

很多参与开发联盟医疗体系患者治疗电脑系统的工作人员都认为，这些担心是合理的。例如，米德尔顿的团队数年来就认为“警示疲劳”状态是一个需要解决的问题。他们也试图消除较明显的警示并且对系统做出改变，这样才能够减少医生受到的警示种类。但是，在拯救医生注意力与拯救生命之间划一条线很难。

进化中的智能医疗系统

在很大程度上，智能表格的应用是成功的，而且它一直用于上呼吸道感染、冠心病以及糖尿病的治疗。大部分医生认为，智能表格对患者是有帮助的；有些医生则建议对其进行修改，使其作用更加明显。

查尔斯河医疗协会（Charles River Medical Associates）成员兼联盟医疗体系糖尿病委员会主席艾伦·科尔（Alan Cole）博士是这样说的：

> 智能表格是使用纵向病历系统最简易的方式。它能让我们查询到健康状况的征兆和大部分实验室信息，同时也能让我们在没有屏幕变化或弹出的状态下获得一些数据元素，例如，健康状况征兆和一些健康维护项目。通过识别不足和简化大部分纠错条件，智能表格的决策支持功能提高了其适应性。内置个性化的打印材料作为教学工具，会非常有效。我发现自己每天都会使用 5 ~ 10 次智能表格。

马萨诸塞州综合医院副首席医疗官伊莉莎白·莫特（Elizabeth Mort）博士也将智能表格用于糖尿病患者。对于结果她也很满意：

> 智能表格让我能够根据信息采取行动，而不是花费时间收集信息。趋势图能够更容易地向患者指明他们所处的位置，以及他们应该去的位

置。我曾碰到过一位固执的患者，他的 A1C 值（用于糖尿病患者的血红蛋白试验）为 14，所以情况很棘手。将患者的趋势图展示给患者本人以及她的孙女，并告诉她们，动员全体家庭成员帮助患者是很重要的。最后，她的 A1C 值降低到了 9 以下。

虽然具有这些积极效果，但米德尔顿和他的同事仍然认为，智能表格需要进一步改进，并且需要进一步整合现有的联盟医疗体系的系统。事实上，他们已经认识到智能表格的一些能够纳入纵向病历和 CPOE 系统的特征。米德尔顿认为，智能表格是一次成功的尝试，但他也确信智能表格不应该是一个孤立的系统。米德尔顿视其为能够进一步提升联盟医疗体系和其他医疗机构医疗水平的一系列临床创新之一。

米德尔顿喜欢引用 1976 年《新英格兰医学杂志》（*New England Journal of Medicine*）的一篇文章：

> 我推断，虽然作为个体的医生是不完美的，但医疗系统应该是完美的，计算机在完善未来医疗体制的过程中将发挥重要作用。

重新定义医疗失职

从联盟医疗体系以及其他医疗从业者的经历中我们很容易发现，患者治疗以及其他很多问题的决策通过使用信息技术能够变得更加迅速和连贯。通过系统做出的决策能够完全自动操作或者通过整合人力判断和计算机判断完成。联盟医疗体系早期关于临床数据库、电子病历以及从业者订单输入能力的实施方案，正越来越多地被世界各地的医疗从业者效仿。美国联邦政府正大力资助这些活动，以提升其医疗水平并且降低成本。

计算机辅助的医疗治疗需要对医疗从业者的行为、组织整体文化以及高管和医学专家强有力的领导等做出重大调整。联盟医疗体系需要借助计算机和软件以提升其医疗护理质量，同时也需要像尼森、格拉斯特、蒙根和米德尔顿这样的领导者。跟联盟医疗体系作用相似的体制在其他机构都失败了，因为它们缺乏领导力和有效的管理调整策略。

有很多途径可以提升有关患者治疗的组织决策，包括根本不牵涉计算机的治疗过程和治疗方案。同时，护理者的个人直觉判断也很重要。不过，在医疗护理的发展过程中，计算机将不可避免地发挥重要作用。任何不懂得利用其潜在能力的医疗从业者最终将被指责为医疗上的失职。

JUDGMENT CALLS

05

社交+结构，高知特如何做日常决策

高知特公司是一家提供信息技术服务的 IT 公司，该公司的某位员工需要替客户解决一个小而烦恼的问题，这是跨国公司经常面临的一个恼人问题。高知特公司的某个客户是一家总部设在美国的全球制造公司，它采用了一个覆盖全公司的用于登录、追踪和解决客户投诉的系统。该系统在这家公司的很多业务单位都运行得很好，唯独韩国业务单位拒绝使用这项系统。韩国业务单位早先已经采用另一套系统用于客户的投诉。该公司总部管理者希望对公司全球各地的客户投诉频率进行监督，因而坚持要求韩国业务单位提供这方面的数据。但韩国的管理者觉得本土化的系统更能适应他们以及客户的需求，故而不想放弃自己的系统。遵照总部的要求，韩国业务单位单方面地将客户投诉同时输入本地系统和该公司总部系统。这么做自然耗费双重精力，尤其是当总部方面对投诉查询做出管理时，韩国业务单位还要花时间去读取这些信息。

高知特公司不仅为这个客户提供了咨询和系统整合服务，还提供了一套为解决难题提供主意和方案的系统。这套系统名为创意管理系统（Idea Management System，简称 IMS），它是在高知特公司内部使用的更加庞大的工作管理和创意共享系统中的一部分，即高知特 2.0（以下简称 C2）。高知特公司曾用 C2 系统解决了很多客户的问题，因此也用它来帮助解决该客户的创意管理问题。高知特公司组织决策的核心是，能否让其世界各地的员工通过知识共享和社交网络更好地完成工作。如果一个专业咨询服务公司的首要任务是，对客户的难题提供相关的知识和经验，那么 C2 系统是一个协助此类任务的良好工具。

对韩国业务单位来说，关键就是要利用 IMS 平台上 C2 系统的“创意竞争”，以及高知特公司内熟知客户难题的团队来提供创意。从提供的创意清单上，他们选择了一个整合了本地系统和该客户公司标准的投诉管理系统的方案进行实践，这样当韩国业务单位的系统被植入该公司的系统中时，投诉者登陆的韩国网站就会直接跳转到该公司总部的系统，如此一来就避免了重复输入。实际的投诉解决流程的管理在总部的应用系统里进行，而投诉的处理状态会在韩国系统里更新。这样可以在不干扰韩国已有系统的前提下实现公司高层管理，继而提高生产力，能够消除手动二次输入的错误，使 2 000 多名用户能从该系统界面受益，减少的损失共计 11 600 美元。

诚如所见，这在大公司是个不值一提的小问题，它带给我们的关键性提示是，不断确定采纳的细小决定和决策综合起来会产生聚少成多的效果。高知特公司继续用 IMS 系统为该用户捕捉和追踪许多其他的创新行为。总的说来，为该客户在 IMS 系统环境下提供的创新带来了丰厚的商业利润。高知特公司所有 375 个账号成员都收到了有关 IMS 创新和使用的信息，其中 14 人将作为创意冠军进行进一步培训。在过去的一年中，IMS 系统提供了拥有 11 个创意冠军的平台，在这些平台上，310 名成员提供了多达 1 119 个创意，其中 124 个创意计划被认为具有执行潜力，75 个被客户认同，70 个被最终付诸实施。所有的创意活动为公司带来了高达 1 643 536 美元的利润，给客户带来了价值 1 585 880 美元的利润。这只是一个客户一年的情况。

被付诸实践的创新涵盖了从提高团队软件工具的使用频率，到提高商业流程效率，再到让客户与供货商和合作伙伴建立更好的关系。在 208 个使用 IMS 系统的客户群中，上文提到的这位客户的高知特创意指数（一个评估创意程度的内部系统）是最高的，高达 98%，这证明了针对该客户的创意活动已高度成熟。同年和该客户合作的两个高知特员工被授以“最佳创新冠军奖”和“最佳创意冠军奖”。该客户继续主动利用 IMS 系统开展创意竞赛，从海内外团队中抽选创意作为革新的部分助力。

高知特公司推出 IMS 系统的目的就是帮助客户找到小型革新乃至大型革新的方法。高知特公司在其内部也运用 C2 系统的其他功能来解决一些日常技术问题，这些问题来自复杂系统在大型全球化公司的应用。

典型的技术问题

在最近一个零售商客户的微软客户 / 服务器开发项目中，高知特公司动用了海内外（海外主要是印度）资源来从事这项系统开发。不过，因为来自客户方面的难题，软件开发停滞了。已开发的软件系统不支持上传大文件。需要植入系统的一个关键功能就是，让客户公司的不同地理单元能共享销售产品的设计规范。鉴于在该公司内共享的一般都是带有图形的大文件，解决这一问题势在必行。

高知特公司项目管理者决定用 C2 系统来解决这一问题。首先她搜索 C2 软件寻找组件数据库，定位一个能解决这个问题的可行组件。然而，通过进一步的检查确认，她发现没有一个组件能适应这个情况的特殊要求，因为该特殊要求包括对三种不同浏览器和网页服务器的兼容，能处理多种语言，以及能有效应对一些国家低频带宽度的限制。

考虑到这个问题需要深厚的专业技术，她决定借助集体智慧来解决。利用 C2

系统里面专门定义的问题求助流程模块，她发起了一个新求助，简要描述了问题所在。因为这个问题关系到交付日期，故将其归类为最高优先级。按照系统规定的工作流程，C2 系统在一个专门提出此类问题的名为 AskGuru 的高知特论坛上贴出了这个问题，而且给问题贴上了零售、绩效管理和 Microsoft.NET（微软系统用于构建应用软件的框架）的标签。

问题被挂出之后，起初少有人回复，因为少有开发者具备处理此类要求的项目经验。鉴于这是个关乎客户生产执行的紧急问题，并且一天内无人回答，C2 系统自动将该问题升级发送给版主。版主在理解问题要求之后，帮助联系了具有正确 Microsoft.NET 架构的开发员，开发员对可复用组件提出了详细的修正意见，以实现多地点支持功能。版主也邀请了工程师团队评估和提议组件设计中的变化，提供所有服务器的镜像和复制方法；版主也咨询了一批零售业务分析师，确保新方法不会对商业流程产生负面影响；他们还识别过程因素使其脱离远程通信技术与后台处理兼容。每个参与回答问题的员工都可以得到 WAH 分数（类似于旅客积分，可以用来兑换礼物）。

团队还不能马上利用这一方案，因为他们还要解决多语言支持的问题。因为每个 C2 论坛上的帖子都有参与者的个人信息，团队很容易追踪到 Microsoft.NET 架构师来解决问题。一旦问题得到解决，项目管理者会填写一份反馈问卷来结束任务。

高知特公司的四大核心能力

高知特公司成立于 1994 年，前身是 Dun & Bradstreet Corporation 公司。1998 年脱离出来，并成为上市公司，同年在纳斯达克证券交易所上市，开启了一段持续 10 年以上的快速增长期。1998 年收入为 5 800 万美元；2012 年，收入已达 45

亿美元，营业利润超过 700 万美元。2010 年，公司员工超过 10 万。尽管公司总部位于新泽西的蒂内克市，但大部分员工在印度工作，公司在全球 50 多个地方设有分公司，包括布宜诺斯艾利斯、布达佩斯、上海等。

这一时期离岸外包和系统整合产业飞速发展，高知特公司在收益、利润和股价方面的增长超过了所有竞争者。2008 年，全球衰退遏制了经济发展，高知特公司仍然保持着 32% 的增长率；2010 年，增长速度达到 40%。

高知特公司能脱颖而出，因其具有以下几个出众的能力：

◎ **重点面向垂直行业的客户**。高知特公司是一家纵向组织的海外公司，其部门包括了金融服务、通信、日用消费品、卫生保健、信息、媒体、娱乐、保险、生命科学、制造和物流、零售、技术、旅游和招待等。大部分高知特公司员工被分配到一个特定的业务团队，不允许他们在其他的业务团队工作。

◎ **重点聚焦客户关系**。从创立伊始，高知特公司就着力于建立客户满意度和维持客户关系。该公司 90% 的业务来自已有的客户。大量的客户满意度调查表显示，公司连续 9 年获得了介于“满意”和“非常满意”之间的平均分。高知特公司采用一种“双管齐下”(two-in-a-box) 的客户关系模式，一人负责现场客户关系，另派一个老练周到的管理者替客户把关场地外资源的到位情况。

◎ **全球化的场内 / 场外交货模式**。和其他立足印度的竞争者不同，高知特公司是全球经营模式，总部虽然设在美国，主要业务经营却在印度金奈。实际上所有的客户项目都通过全球多个地区合力完成。高知特公司在客户现场的员工基本解决 25% ~ 30% 的项目工程量；剩下的由全球交货中心完成，拥有一套明确的方法和工具可以确保从客户现场到海外交货中心的工作衔接得天衣无缝。C2 系统就是这样一种工具，它让高知特公司更有效地进行“才智转移”，不间断交货。例如，C2 平台让高知特公司能够对近海岸地区，如布达佩斯和布宜诺斯艾利斯两地的交货进行划分，进而和印度、中国的全球化运输系统进行整合。如此一来，高知特可以平衡世界各地的才智资源，以更低的成本为客户提供更高的商业价值。这些行为对客户都是公开的，客户看得到最终的去向，而不仅是交货的部分过程在中国、印度、阿根廷或其他地方完成。交货看似在一个地方进行，实则由一个时空上相互联系的团队共同完成。

◎ **广泛的 IT 和商业服务。**高知特公司给客户在 IT 开发和基础架构管理等方面提供强有力的帮助，包括系统开发、业务外包、IT 基础架构管理、数据库和商业智能管理、软件测试和实用性管理。此外，高知特商业咨询团队会提出一些和 IT 有关的商业议题，包括商业过程设计、管理变化和外包项目分析。

也许其他公司具备了其中某些或全部的特质，但在高知特公司，所有特质被最先结合，并被广泛采纳和有序执行，引领公司快速发展，最终获得成功。这就是优良的策略和组织设计，以及有效的日常决策和执行发挥作用的有力表现。

参与式文化

知识管理是高知特公司关注的焦点。该公司首席执行官弗朗西斯科·狄索沙（Francisco D'Souza）以及其他公司的首席执行官坚定地相信，全球输出模式依赖于全球知识共享。高知特公司是第一家具有多数印度员工，并设立首席知识官，在知识管理方面投入人力、物力的公司之一。该公司每年收入的 1% 都会被投入到知识管理中。

高知特员工分享知识和获得知识的首要工具就是高知特 2.0 知识管理设备（Cognizant 2.0 Knowledge Management，缩写 KM，内部称之为一号通道）。它是获取各种文件的主要入口，如客户提案、讲座、技术文件等。但和其他公司不同的是，高知特公司不满足于文件获取的知识管理方式，因而转向了一种“路径”模式，其知识管理系统的目的是引导人们获取他们需要的知识，取代了总是存在知识流通和精确度问题的“知识库”模式。“路径”模式下的知识可能会呈现集中化知识库形式，但也可以简单地存在于个人头脑中或者转存到硬盘，或者成为去集中化知识库。因此，高知特公司力求提供一种搜索能力让员工可以获取所有知识。

高知特公司的知识管理方式还具有“参与式文化”的特色。在高知特公司早期的知识管理中，参与式文化只是利用讨论板或者论坛。最近，随着 Web2.0 在高知特公司内部及外部越来越广泛的应用，公司更加依赖它作为知识管理工具。其中的工具包括了博客、维基和社会标签等方式。传统观点认为，只有 1% 的网上参与者会积极做出贡献，但高知特有更高的参与度。分析数据显示，有 11 000 名员工写过博客，接近 10 000 人在博客上做过评论，5 000 多个疑问在商业发展论坛上发表，有超过 100 000 个疑问在技术论坛上发表。

知识管理机构的研究表明，那些发表博客的人对自己的工作有更高的满意度和参与度。根据狄索沙的博客，他有以下观点：

> 博客是增强员工联系的纽带，它帮我们建立了一个诚信、开放、进步的环境。我们生活在一个赤裸裸的知识经济时代，合作和集体构思对塑造一个成功的领导团队是不可或缺的。我的经验告诉我，博客在达成集体目标中发挥了很大的作用。

狄索沙好几次在高知特公司通过论坛和博客的方式与新进员工讨论策略问题。

除了提供博客和其他一些参与式工具，高知特公司还落实一些组织结构促进知识管理。在每一次的咨询活动中，都有知识主管参与其中。总部的知识管理办公室由一个知识管理中央团队和知识主管构成，他们对第一首席知识官苏库玛·拉贾戈帕尔（Sukumar Rajagopal）负责。为进一步促进社交网络，拉贾戈帕尔创造了“实践社区”（Community of Practice，简称 CoP）和“实践者网络”（Network of Practitioner, NoP）两套组织结构。实践社区在组织边界内（工业实践领域）设立，则跨组织边界运作。每个实践社区都有一个知识主管与业务部门单位合作，记录项目级别的专门经验技术。知识管理的组织结构在创造、捕捉、分散知识方面的效果是显而易见的，而且它正被成功地运用于高知特公司的商业运营上，因而在这方面的更多投入也是必要的。

高知特 2.0

当 KM 设备在存储文件和参与式工具方面成功采纳和使用时，高知特公司管理者将精力集中在支持商业目标的工具上。该公司首席知识官拉贾戈帕尔发表了以下观点：

> 我们认为，高知特的参与式和知识导向的文化是一笔珍贵的资产。不过，我们想将它和同样关注核心流程执行的组织规律结合起来。这就启发我们去创造高知特 2.0。

高知特的首席市场战略官马尔科姆·弗兰克（Malcolm Frank）描述了 C2 的特质：

C2 系统努力成为高知特公司及其客户和供应商的项目管理和知识分享平台。我们想让它不分地域地协助客户输出最佳资源。C2 系统为高知特海外扩展公司在地理上分散的项目团队的合作提供了天衣无缝的平台，还实时提供原子级细微的交货质量控制。我们会在给定时间建立和控制多个项目，C2 需要提供特定工作流程下获取知识的途径和持续的流程指导。最后，它还要提供对所有项目主要活动的总结和对整个项目的评价。所有这些特质在 C2 系统都能得到体现。

知识导向的资源先前在 KM 设备中已经得到开发，有待开发的是一系列结构化工作流程指导其及相关知识。建立事先定义的流程步骤和相关知识之间的联系也是必要的，尽管高知特公司员工也可以通过标签提供这类联系。总的来说，这两种能力可以让客户项目相关知识及时到位。

到 2009 年年中，高知特公司针对三项主要的客户服务开发出了拥有明确任务说明的工作流程，包括系统交付、系统管理和系统维护。这一流程的开发由高知特公司的一批技术娴熟的流程设计团队负责。正因该公司长久以来都注重组织机构的流程，这个小组的任务才变得简单，也让高知特成为最早达到性能成熟度模型（CMM）5 级水准的公司之一，这个模型是卡耐基梅隆大学软件工程研究所开发的。性能成熟度模型是衡量组织机构软件开发中流程规律利用的一种模型。

该中央流程团队也参与不同的实践活动，和不同社区进行合作，这些实践和社区活动拥有不同的流程结构，能够为 C2 所用。处于开发的项目包括市场竞争管理、对客户提案请求的反应，甚至还有策略咨询。被开发的过程不是一成不变的，可以根据项目大小和其他因素进行设置。每个项目团队的质量管理者保证被采用的流程模型是高效的和被权威部门认可的。

实际上，C2 是一个知识和流程管理的门户网站，也是在全球网络内管理高知特公司工作的一个平台。图 5-1 左侧屏幕是用户需在客户项目和工作流程框架下完成的一系列任务，右侧是一系列有用的知识资源。指导帮助和知识在背景里显示。一些是专注于实际工作的背景，例如屏幕上的指导选项卡；另一些和项目背景有关，例如提供相似项目的链接以浏览数据。任何一个任务都有指导信息、模板、工件、笔记和备忘录。项目成员任何时候都可以看到他 / 她被分配到的任务以及和其他项目任务的从属关系。

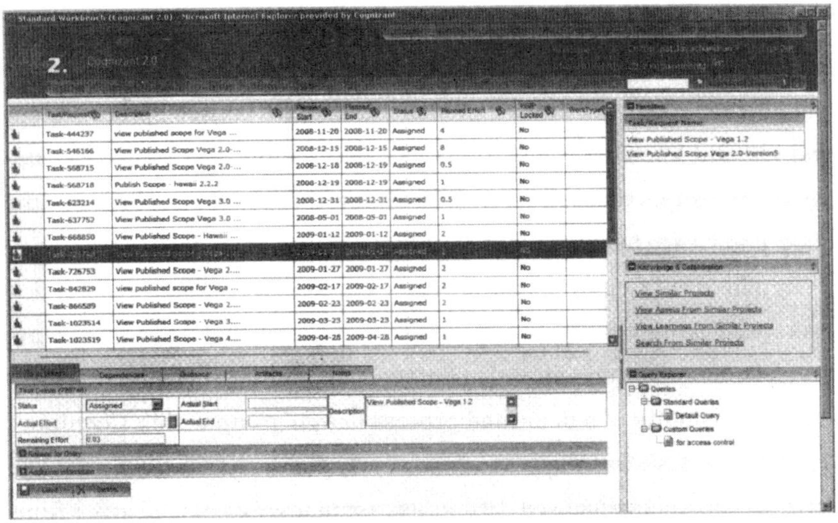

图 5-1　高知特 2.0 屏幕截图

C2 系统引导高知特项目团队成员和公司内的专家进行合作。它把那些寻找专业技术的人链接到对应的论坛，让他们在上面发表问题，跟踪收到的回复。C2 也允许用户从各种各样有关问题、缺陷、风险的数据库中搜索相关的解决方案，让过去的项目经验可以为现在的工作所用。

C2 还可以提高交付质量和信息系统的生产率，它可以和各种 IT 开发环境整合，提供自动化执行，例如自动激发代码评审和自动化单元测试。它也可以与版本控制和配置管理应用相整合。

迅速占有

高知特公司在 2007 年 10 月引入 C2 系统后，新的功能迅速铺开，项目团队也迅速适应了平台。到 2009 年年中，3 200 多个项目团队在使用这一平台。大多数人并不把它当作合作平台，而是个人知识和项目管理的工具。例如在项目交付域名内，每个月有 500 多万个页面被浏览，它是 C2 平台上浏览项目信息的主要资源。

尽管高知特公司的员工觉得 C2 系统使用简便，但知识管理办公室力求让它更易于使用，他们给新进雇员和新进用户提供培训课程。培训者发现，虽然高知特公司的员工很能适应论坛、博客和维基之类的参与式知识工具，但对过程结构和指导缺乏了解；在项目团队级别上，一些项目团队虽然可以很好地运用流程或者知识，但不能将两者很好地结合。

知识管理办公室也鼓励高知特公司运用竞赛，给平台运用得最佳的项目和员工提供年度嘉奖。嘉奖的深层次目的是让最有效运用 C2 系统的项目为整个高知特公司熟知。

C2 系统和内部及客户方面的组织决策

C2 系统成为高知特公司提高日常决策和创新的一个重要激励，也是公司主要依赖的系统。当客户在一次会议上问及狄索沙高知特最主要的激励方式时，他的第一个回答就是 C2 系统：

> C2 系统是我们区别于其他全球交付系统的根本原因。现在，我们对 C2 的功能只知皮毛，我们将继续加大对这个平台的投入。

高知特公司副董事长拉克什米·纳拉亚纳恩（Lakshmi Narayanan）在会议上对客户如是说：

> C2 系统可以让项目交付效率提高 20%，利用 C2 系统的交付管理功能能让我们在特定的项目管理活动中的生产力提高 70%。

高知特公司董事长和全球交付系统总经理钱德拉·西卡伦（Chandra Sekaran）评论说：

> 在所有近期我们开展的项目中，89% 的项目已经在 C2 平台上。我们发起了一个模块来支持系统的维护，并且看到越来越多的维护产品在 C2 平台上展开。

“集体智慧”或者说组织决策的代名词在高知特内部得到很好的建立，公司管理者也为把它延伸到客户组织中为其所用而感到兴奋。拉贾戈帕尔为了管理客户知识也在推测它的能力：

> 客户要求我们利用这些能力来构建他们的知识管理体系。我们也开始做这方面的工作，但他们可能缺少一种参与式文化和流程规则，而无法建立一个 C2 式的环境为其所用，就像 C2 为我们所用一样。这是我们需要进一步研究的。

狄索沙对那种发现 C2 式功能在他们自身业务中非常有效的客户尤其感兴趣。

我们相信有些客户的流程肯定适用这些功能，像那些涉及规范和承诺的客户。金融服务业的客户认为，C2 式功能在处理不同地域的监管事宜上很有用。

高知特已经将 C2 系统作为一项服务供给引入市场，本章开头提到的全球制造客户就是一个例子。显然，C2 系统在公司内部和客户服务领域会成为未来的核心。但这可以带来什么呢？或许可以通过给高知特客户提供实时的项目状态和知识库带来利益。对客户来说，这可以带来更大的操作灵活性，避免不必要的损失，提高规划能力，同时也增强高知特公司与客户之间的联系。C2 系统管理团队唯一关注的问题是扫清发展障碍，并且确定哪些潜在的贡献点是可以被开发的。

从个人决策到组织决策

在一个像高知特公司这样广泛分布的全球组织，将个人决策转变成组织决策需要超越面对面的互动。信息技术是唯一可能连接 10 万个思想的通道。C2 系统是在任何想创造这一纽带的组织中最具创新性的工具之一。高知特公司采用社交网络和知识管理工具，不仅提高了每日决策和组织决策的效果，而且也提高了生产力和业绩。组织决策提供的一些最有力的帮助是整合了结构化的工作流程工具、知识分享和协作平台，我们把这种整合称之为“社交 + 结构”。高知特公司的 C2 系统对知识工作者来说确实是一个好的平台，让公司和客户受益无穷。

C2 系统成功的另一个关键是客户评估。有效利用工具的技术和行为是他们评估的关键。例如，知道对 C2 系统贡献最大的员工就是工作表现好的员工，对评估很有帮助。

当然，技术本身要发挥作用也有一些常规的注意事项。当企业有一种参与式文化时，社交和合作技术，例如 C2 系统，才能被成功地运用。高级管理者为了两种技术成功，不仅要支持和模仿这种文化，还要直接运用这两种技术。

JUDGMENT CALLS

06

数据决策，夏洛特 - 梅克伦堡学区提升学生成绩的法宝

迈克尔·埃利斯（Michael Ellis）是北卡罗来纳州夏洛特市戴维·科克斯路小学的一名二年级学生。5 月的一个阳光明媚的星期三，埃利斯跳下巴士，走进学校大门。他没有注意到学校的蓝色金属屋顶，也没有注意到写在学校外面三个大石块上的新字迹——“8 岁生日快乐，贾斯丁”“天呐！天呐！某人快 40 岁啦”“我们志愿者的石块”。不过，学校入口大厅墙面有趣的字迹和学生肖像也未能引起埃利斯的注意，今天他真是心烦意乱。因为埃利斯知道几分钟后，就要迎来自己本学年的阅读流畅度测试了。他的成绩将由一项口头阅读速度测试来评价。尽管严格来说，除了速度之外，阅读流畅与否的评判标准还应包括阅读能力、表达能力以及自动识别单词的能力。

在这一整个学年，他与他的老师以及学校的后勤人员都在努力提升他的阅读流畅性。他们是怎么做的呢？简而言之就是基于数据的测评、决策和行动。这个学年之初，埃利斯每分钟能正确阅读 18 个单词，远远低于二年级学生每分钟正确阅读 30 ~ 60 个单词的平均水平。如此一来，整个一学年的每个早上，埃利斯都没有上常规课程，而是去上能提升阅读能力的辅导课。他学唱歌曲，起初是一些慢歌，接着是快歌，以提升视读能力。埃利斯特别喜欢米利 · 赛勒斯（Miley Cyrus）的《美国派对》（*Party in the USA*），现在他已经认识这首歌里的很多单词了。

为了提升阅读流畅性，埃利斯在家也和爸爸一起练习。埃利斯的爸爸失业了，因此有很多时间辅导他。一个星期五，戴维 · 科克斯路小学二年级阅读老师克里斯塔 · 欧勒奇（Christa Olech）亲自到埃利斯家去送埃利斯的阅读流畅性成绩数据记录。学校校长查克 · 努斯诺（Chuck Nusinow）打电话到埃利斯的家里，鼓励埃利斯的父母积极帮助他克服阅读问题。埃利斯的爸爸要确保儿子完成所有的阅读练习。每个星期五，在周记录上签字，确保孩子的每周训练顺利完成。在戴维 · 科克斯路小学，有 100 名学生和埃利斯一样，在父母的帮助下提升阅读能力。

“不安分”的塔米卡 · 威尔逊

戴维 · 科克斯幼儿园的学生塔米卡 · 威尔逊（Tammeka Wilson）入园两个月后变得“不安分”起来。有一次，她告诉妈妈自己已经对幼儿园老师讲的课感到厌烦：“我们老是学字母，而这些我早就会啦！”塔米卡的妈妈在 10 月份的“家长之夜”上曾经向老师询问过学校的课程问题，并被告知整个幼儿园的课程设置都是有关识别字母的。几十年来，识别字母都是幼儿园阅读教学的重点，未来很多年内都很可能持续这种现状。

唐娜 · 赫尔姆斯（Donna Helms）是塔米卡的老师，她对塔米卡对妈妈说的话一点儿也不吃惊。赫尔姆斯执教 33 年，但长久以来她对戴维 · 科克斯幼儿园的课程设置并不满意。根据从教多年的深厚经验和对其他地区幼儿园课程设置情况的了解，赫尔姆斯认为，绝大部分幼儿园的孩子有学习阅读的能力，她所读过的一本名叫《新式幼儿园教学》（*Teaching in the New Kindergarten*）的书也支持了她这一观点。赫尔姆斯认为，传统的幼儿园课程设置既浪费时间又耽误了孩子的学习。

孩子没有系统地学习认单词，而是被要求在10月学习“苹果”，11月学习“南瓜”，12月学习“圣诞树”……赫尔姆斯认为这种课程设置缺乏实用性，她觉得自己是在欺骗学生。

10月的一次幼儿园教师例行会议上，赫尔姆斯带去了塔米卡和班上其他许多学会了认所有字母的孩子。校长努斯诺很支持建立在数据基础上的决策。赫尔姆斯觉得这可能会成为改善课程设置的一个有利开端。努斯诺个人十分支持赫尔姆斯的想法，并鼓励她和其他老师提出这个想法。大多数老师们也都说，他们注意到孩子已经学会了所有的字母。

明智数据，让戴维·科克斯路小学的教育更优化

埃利斯和他的同学进行的阅读流畅性的练习以及塔米卡和其幼儿园同学的课程设置可能会做出的改变，有力地证明了戴维·科克斯路小学和其他夏洛特-梅克伦堡学区的学校为提升学生成绩而做出的改变。过去的30或40年来，在校长努斯诺领导下的学校行政人员和老师们，采用了以数据为基础的对学生成绩的评估和教学。当然，戴维·科克斯路小学并非一个特例。如果说不是全球性的，那么至少在美国国内兴起了一种趋向于在学校决策过程中更多地采用数据分析的趋势。戴维·科克斯路小学起码就称得上是这种改变趋势中的一个很好的例子。

戴维·科克斯路小学是夏洛特东北市郊的一所运营良好的学校。不过，它并不是什么郊区的天堂。学校里有不同种族的学生，其中有60%的非洲裔美国学生、19%的白人学生以及许多其他种族的学生，50%的学生家境贫寒。光看学校的表面情况，你永远不会知道这些情况。学校里总是干净明亮，还有很多有趣的装饰。学校行政人员外向友好，学生们充满活力而又专注认真。

努斯诺担任戴维·科克斯路小学校长已经有4年了，在此之前，他还担任了

20 年的学校副校长。身着印有“戴维 · 科克斯”标志的高尔夫衬衫和卡其布裤子，努斯诺显得精力充沛又外向活跃。从努斯诺来学校工作以来，他就开始致力于将学校的整体氛围向更趋向于数据分析的方向推动。现在他的努力已经颇有成效了。努斯诺估计，在每个年级（总共有 6 ~ 8 名老师）中，至少有 2 ~ 3 名老师已经开始推崇基于数据分析的决策方法。努斯诺说，如果某天他被校车撞倒了，这项推崇基于数据的决策流程的运动也会继续进行下去。

在成为老师之前，努斯诺当过珠宝零售连锁店的经理。“在我 24 岁时，心里做着美国梦，我想要有丰厚的薪水，一辆公司配的汽车和报销账单，”努斯诺说，“但我的中年危机来得太早，我决定去当一名数学老师，薪水和过去相比大大减少。”当了老师的努斯诺仍记得前一份工作中体会到的零售销售数据的重要性。“每周，每月，每季度……在做零售行业时，我们基本上能够在任何时间点掌握公司的运营情况。之后，当我涉足教育业时，我发现我们缺乏实时评价学生成绩的可靠数据。从那之后，我便开始致力于这方面的工作。我甚至在夏洛特市的北卡罗来纳大学给实习教师们教授“教育数据分析课”（Data Analysis in Education）。

努斯诺和名为“明智数据”的项目合作，在学校推广数据决策。“明智数据”是夏洛特 - 梅克伦堡学区和哈佛大学教育学研究生院共同组建的一个项目。“明智数据”举办了大量培养教职员工有效利用数据的培训。不过，努斯诺和哈佛大学方面都明白，这实质上关乎的是文化氛围的整体转变。数据透明性的增加可能会使一些老师的教学效果显得不尽如人意。哈佛大学的相关材料引用了一名来自另一学区参与“明智数据”项目的老师的话：“数据能伤人。”

为了解决这一问题，努斯诺 4 年来循序渐进地推进数据决策的进程。“当我刚到学校时，”努斯诺说，“没有人交流成绩记录，我们将每个老师的名字都从学生成绩表上涂掉。”接着，第二年，学生平均成绩表上开始出现执教老师的姓名。第三年，每次年级会议上都会有写着执教老师姓名的学生成绩等级表。“从那以后，大家都开始采纳这些数据了，”努斯诺说道，“我知道一开始一定有学生和老师因为不够优秀的成绩数据而感到难过，”但我们都已经克服这个障碍了。”

“明智数据”项目采用的方法规定，每个参与该项目的学校都必须创建他们所称的“数据组”。该数据组由学校副校长领导，每个年级至少要有一位老师以及 3 ~ 5 位学校行政人员参与。小组的目的之一是训练老师对“明智数据”项目中数据的阐释和分析能力。数据组同时还制定决策，聘用教学助理来帮助提高学生的阅读流畅性，并将阅读理解作为下一学年的教学重点。

在学校教学事务的其他很多方面，学生成绩的数据也都发挥了作用。每个年级的教师每周都会开会，会议的内容就包括分析和讨论相关数据。近期，努斯诺和学校的教职员工们还决定每两周召开一小时的数据评估会议。老师都表示希望为数据评估腾出专门的时间，以免被其他会议中的教学计划的时间占用。

由于目前美国全国性的考试和夏洛特 - 梅克伦堡学区的测试并不适宜快速做出有关提升学生成绩的决策，努斯诺和学校行政部门不得不自行对学生进行很多测试。在学校校长办公室的一个架子上，摆放着一台能给名为“泡泡图”（bubble chart）的测试打分的机器，还有一堆空白测试表。为了更好地评估学生成绩，戴维 · 科克斯路小学的学生们经常要进行许多方面的测试，不过，包括学校所在地夏洛特 - 梅克伦堡学区在内的美国许多学区都没有对学生进行这些方面的测试，比如阅读流畅性、对作者写作意图的理解、对分数小数的掌握（四年级相关课程）以及教师效能等。努斯诺的电脑里就存着关于包括阅读、数学和科学等多门学科的数据表格。

对数据的重视开始在戴维 · 科克斯路小学大显成效，尽管刚开始时情况可能不容乐观。随着学校知名度的提升，更多来自贫困家庭的孩子申请在戴维 · 科克斯路小学入学，学校贫困生的比例从 2006 年的 34% 上升到了 2010 年的 56%。一些有经验、教学水平高的老师跳槽到了附近的新学校。学校学生在数学和阅读方面的学习水平数据一直保持在 65% 左右。在过去的两年，戴维·科克斯路小学的学生的学习水平一直在上升，这是对能否达到国家教育成绩目标的重要评判因素。

戴维·科克斯路小学的目标是消除非洲裔美国学生或拉美裔学生同白人学生之间的成绩差距。2009—2010 学年的目标是将这种差距缩小 2%。不过，年终的测试结果显示，不同种族学生之间的差距缩小了 6%～18%。

一项对北卡罗来纳州教师的调查也显示，学校的大环境有所改善。2007—2008 年，戴维·科克斯路小学只有 57% 的老师接受了该项调查，但在 2009—2010 年，有 92% 的老师参与。所有的被调查者都同意“教职工队伍都达成共识”；两年前，赞同这一观点的人数是 92%。超过 90% 的被调查者赞同“学校的领导者一直着力于解决教师关于某个问题的担忧”等选项。

简而言之，数据在戴维·科克斯路小学的教学运营中起到了十分重要的作用。努斯诺和他的同事认为，他们在运用数据来评判和提升学生成绩的工作方面，已经取得了很大的进展。当然，要达到让学生一踏入学校大厅，内心就升起一种强烈的自豪感的状态，还有很长一段路要走。

夏洛特 - 梅克伦堡学区基于数据的决策

努斯诺并不是在推动基于数据的决策制定中孤军奋战。夏洛特 - 梅克伦堡学区的众多学校也和戴维·科克斯路小学一样，在积极推进这种基于数据的决策方式。夏洛特 - 梅克伦堡学区在致力于推广基于数据的学校管理方面，一直处于美国领先地位。正如前奥巴马政府的教育部长阿恩·邓肯（Arne Duncan）所说：“在其他很多领域，我们总是讨论着成功，并习惯用数据和其他方式来证明成功与否……

为什么在教育领域，我们却对成功避而不谈呢？我们在逃避着什么呢？每个国家和地区都应当收集教师效能的信息，并将这些信息及时反馈给教师和家长。”

夏洛特 - 梅克伦堡学区的注册学生有 133 600 人，是北卡罗来纳州第二大、美国国内第二十大学区。和其他许多都市学区一样，在过去的几十年里，夏洛特 - 梅克伦堡学区的学校也曾面临着贫困、种族平等以及学生成绩普遍偏低等诸多问题。2005 年，一个镇的法官曾批评夏洛特 - 梅克伦堡学区对成绩偏差的高中生实施了“学术种族屠杀”。

彼得 · 戈尔曼（Peter Gorman）是夏洛特 - 梅克伦堡学区 2006 年走马上任的新一届教育局长。他提出重视学生的学业成绩、对学生的成绩评估以及教师和行政部门的责任。戈尔曼快速制定了解决这些问题的战略计划。

> 到 2010 年，该计划已经取得了显著的进步。2010 年，夏洛特 - 梅克伦堡学区已经完成了计划中的多项目标，并仍继续努力完成其他目标。从很多方面来看，学区已经达成了计划的首要目标——提升学生成绩。从 2008—2009 学年的北卡罗来纳州和全国的测试结果来看，学区 25 个片区中的 24 个片区的学生成绩总体有所提高。2006 年和 2009 年，夏洛特 - 梅克伦堡学区分别有 54.3% 和 89.6% 的学校达成了超过一年的目标。

作为一名教育局长，有着教育学博士和工商管理硕士学位的戈尔曼的教育背景显得有些特殊。当被问及为什么那么关注数据和评估时，他说：

> 当我拿到博士学位证时，当时学校采用的教育成绩的指标并不能让我信服，因为这些指标并非面向客户，即每个学生和他们的父母。我在商学院时发现，公司采用的都是客户指标、综合评价卡以及各种类型的

绩效评估，我觉得我们可以将这些指标运用在学校的教学运营中。当时，我也受到了伟大的棒球数据统计员比尔·詹姆斯（Bill James）的影响，过去我每年都会订阅他写的《棒球文摘》（*Baseball Abstract*）。有一天，我突发奇想，觉得可以将他对棒球运动员的评估方法运用到学生身上。

在戈尔曼的领导下，夏洛特 - 梅克伦堡学区创建了众多针对学生、教师和行政人员的表现的评估项目。除了在戴维·科克斯路小学以及整个夏洛特 - 梅克伦堡学区范围内实行“明智数据”项目外，夏洛特 - 梅克伦堡学区还借鉴了俄勒冈大学的 DIBELS（基本早期读写能力动态指标）项目。DIBELS 囊括了评估早期读写能力习得的一套程序和方法，以及有关学区学生读写能力成绩的数据库。与此同时，夏洛特 - 梅克伦堡学区还尝试着在学区的每个学校内推广和发展“专业学习社群”。“专业学习社群”这一概念的创立者理查德·杜福尔（Richard DuFour）说：

> 我们创建专业学习社群，重点应放在学生怎样学，而非老师怎样教上。应当共同协作，认真负责。

夏洛特 - 梅克伦堡学区还获得了比尔和梅琳达·盖茨基金会 140 万美元的拨款，用于支持基于数据提升学生成绩的决策。获得拨款份额最多的是学区里 5 所学生成绩普遍偏低的学校。款项主要被用于吸纳更多的教学资源和高度的学术支持，以提升学生成绩。

为了成功推行这些数据密集型措施，戈尔曼在项目中专门设立了首席策略规划与责任分配官一职。这一职位由罗伯特·艾瓦莎（Robert Avossa）担任，主要负责学区内学生成绩的评估和管理。艾瓦莎和她的部门同事监督着“明智数据”项目以及其他许多与基于数据做决策相关的项目。艾瓦莎的部门成员运用最新的系统和方法，并且训练学校老师和管理人员如何运用数据。比如，成员法拉·萨图那多（Farrah Santonato）就在戴维·科克斯路小学训练那里的老师掌握"明智数据"项目的方法。在艾瓦莎的部门中，还有4名区域协调人。每一名协调人负责学区的一个区域，和该区域内的学校老师们合作推进数据分析项目和与成绩相关的措施的实施。

艾瓦莎的部门还和首席学术官以及首席信息官合作创建了一个学生成绩信息门户网站。随着网站的逐步完善，最终它将囊括努斯诺能在戴维·科克斯路小学获得的所有数据，以及其他庞大的数据。当被问及对努斯诺将数据应用于学校有什么看法时，戈尔曼说："我们很欣赏努斯诺现在的努力，但我们希望随着我们的门户网站系统的完善，他能从那些耗费时间的烦琐的数据库及报告工具的创建中解脱出来。"夏洛特－梅克伦堡学区的最终目的是设计能够专为学校校长、区域教育局长以及学区教育局长所用的门户网站。

戈尔曼和艾瓦莎设计了一个名为"持续提升循环"的整体框架，旨在持续提升学生的成绩。它是一个包括可获得透明数据、支持数据的使用以及驱使使用数据的压力或动力在内的良性循环。这两位领导者希望，这些多种的结构和工具能够带来夏洛特－梅克伦堡学区文化氛围的长远进步。

如果有的领导者的管理带来了巨大进步，人们必然会质疑随着新领导者的上任，这些进步是否会随之停止。不过，戈尔曼笃信，在未来的很长一段时间内，夏洛特－梅克伦堡学区的基于数据做决策的前景都会是乐观的。戈尔曼说：

> 夏洛特梅克伦堡委员会的工作重点集中在这方面。他们的核心理念之一是利用数据做决策。委员会的领导能力卓越。委员会之前的政策主要规定了采用数据表、学校进步报告以及基于数据的整体决策。我觉得

我能够被选为教育局长，很大一部分原因是因为我对数据的支持。人们叫我数据狂人，我将这个称号看成一种荣誉。然而，过去我们掌握的大部分数据都服务于别人，而非我们自己，正如SAT分数服务的是大学。就算是我们的全国性考试得到的数据都难以为我们自己所用，这就像是尸检一般。但我们想要给予的是体检而非尸检。在情况还能有所补救之前，我们就需要掌握这些信息。

戈尔曼关于这些基于数据的决策方法能否长远存在的预测将会很快得到证明。因为，2011年，他和艾瓦莎以及努斯诺就将离开夏洛特-梅克伦堡学区了。

从18个单词到84个单词的飞跃

迈克尔·埃利斯这名有阅读流畅性障碍的戴维·科克斯路小学二年级学生，参加了5月份举行的年终阅读流畅性测试，考试的结果十分令人满意。短短一年时间，埃利斯就从之前的每分钟正确阅读18个单词，到现在每分钟正确阅读84个单词，这着实称得上是个巨大的进步。虽然他的成绩仍低于夏洛特-梅克伦堡学区二年级学生每分钟正确阅读90个单词的平均水平，但他只低于全国50%的同年级学生，并且，他正取得快速而又巨大的进步。埃利斯的爸爸放学来接他回家时知道了这个好消息后，跑到二年级阅读老师欧勒奇的办公室，给了她一个大大的拥抱。他们都没料到在短短一年的时间里，埃利斯竟然取得了这么大的进步。

早在11月份就已经认识了所有字母的幼儿园学生塔米卡同样也在一年里取得了巨大的进步。她的老师赫尔姆斯曾经长期倡导幼儿园老师，应当开始教授孩子们阅读技能。经过校长努斯诺的同意，赫尔姆斯在一次每周的例行会议上提出了她的观点。在同努斯诺深入地交换了想法后，赫尔姆斯在教师会议上正式提出用基础语音能力测试来考察学生的字母识别能力。

11 月份的测试结果显示，仅有 10 个孩子（幼儿园一共有 125 名孩子）不认识全部的字母。在后续的会议上，赫尔姆斯和其他老师同意开设新的课程，教孩子通过诗歌学习单词，对字母及其发音进行排序以学习词汇。这些课程看似没有直接教孩子们怎样阅读，却有助于提高孩子们的阅读技巧。一学年结束后，很多学生的阅读能力都有了很大的提高。当然，这也意味着小学一年级的老师也需要相应地修改课程设置，而他们也已经开始做这件事了。

赫尔姆斯发现，这一年幼儿园孩子们的表现可能是她执教多年来见过的最好的一次。32 年执教期满即将退休的赫尔姆斯对努斯诺说，她实在舍不得离开戴维·科克斯幼儿园，这个地方留给她太多美好的回忆。她将继续留在这里。接下来的一年，她计划开始教孩子们从头学习字母表，并用手语来教孩子们学习字母和单词。在即将从幼儿园毕业的最后一年，塔米卡的阅读能力已经达到了小学二年级学生的水平。

基于数据做决策，颠覆教育体系

基于数据制定决策是一个能显著提升组织决策的好方法，很多行业也正采用这种方法，其中就包括教育行业。在医疗卫生行业，美国联邦政府也通过制定政策、设立基金等方法帮助该行业朝基于数据分析做决策的方向转型。

在组织决策朝以数据为中心的方向转型的过程中，强有力的领导力无疑是十分关键的。在夏洛特 - 梅克伦堡学区的案例中，以教育局长为首的从上至下的正确领导，保证了数据分析方法和工具的引进和发展。在推动以事实为依据来处理学生成绩及其他事物的决策的过程中，正确的领导也是十分重要的。当一个组织主要以数据和分析为考虑的第一要素做决策时，通常能让决策更贴近前线部门。基于数据的决策受益于重视责任的文化氛围。

在学校，使用数据和分析工具的教职人员往往需要一些辅助来找到他们需要的数据，正确地分析这些数据，并将其运用到决策制定的过程中去。在夏洛特 - 梅克伦堡学区办事处同地方部门的工作人员们一起积极提供着辅助服务。

基于数据的决策尽管并不是提升学生成绩的唯一办法，却是一个十分有效的办法。这种决策方式能够让学校将资源有效地投入到最需要帮助的学生身上，并满足他们特殊的学习需求。

JUDGMENT CALLS

第三部分

大决策正在重塑分析的文化价值观

JUDGMENT CALLS

本部分特别阐明了组织文化的贡献，即“我们在这周围做事的风格”如何提升乃至定义企业的组织决策。第一个案例是历史性的回顾，看几十世纪前世界上最早实施民主文化的古雅典如何建立起更好的组织决策机制。一些组织决策的原则并不是最近新发明的，而是重新发现。第二个案例回到了当代，叙述了美国领航集团（Vanguard Group）形成决策的过程。正是其文化原则和价值观将它从一次灾难性的投资中拯救过来。最后一个案例以一种不同的方式着重讲述了技术公司易安信公司（EMC，数字存储设备制造商）如何使用社交媒体建立了一些新的文化价值观，从而在经济不景气的情况下大大提高员工的积极性和团队精神。

JUDGMENT CALLS

07

古代雅典人如何抵御生死入侵

公元前480年6月的某个傍晚，普尼克斯上空灼热的空气终于开始消退。普尼克斯的雅典人民聚在一起进行辩论，表决国家大事，气氛煞是紧张。用石灰石和砖块堆砌的建筑群的影子越拉越长，6 000多人挤坐在一排圆形石凳上，互相看着彼此的脸，有的人听着，有的人咆哮着。当时的领导者一直警惕着眼前的乱局，不过，让人群井井有条对他们来说太难了。所有人都知道，他们正在进行的表决可能会招致财产损失，也可能引来生命危险，甚至随着野蛮波斯军队的入侵而家破人亡，流离失所。东方暴君波斯王薛西斯，从他辽阔的东部帝国，率领20万士兵和1 300支船舶越过赫勒斯滂企图征服希腊。雅典城每天都流传着薛西斯在赫勒斯滂大地上的恶行：血腥屠杀、武力逼降、恣意砍头以及其他种种暴行。人们面临的是一场关乎个人生死、雅典存亡的投票，若能保卫雅典，他们最终也能守住整个希腊。雅典人民会如何抉择？

古老黄金时代的民主决策

对于一个民主组织来说，做决策是一个伟大的历史时刻。我们能从中学到些什么呢？如果像我们在本书中讨论的那样，组织决策受益于个体广泛参与的问题解决模式，以及在某一事业中能够集体行动的文化，那么此时回头看“乌尔案例”，我们就会一目了然：世界上第一个真正意义上的民主文明由古雅典人民于公元前16世纪至15世纪历经数千年缔造而成。如今我们生活在互联网无所不能的时代里，越来越多的人对开放式创新采购和“群体智慧”感兴趣，那从区区上千人锻造的辩论和决策的文化中，我们又能得到什么启示呢？尽管现代经济中民主企业仍然非常稀有，在过去的几十年中，我们仍然见证了民主意识的觉醒，譬如，日益分散的权利、共同解决问题以及基于团队和网络的行事方式，越来越成为完善当代组织文化和进程的主流。古雅典民主正是一块试金石，尝试将平等、自由、审慎讨论融为一体，然后创造一个为集体决策文化所塑造的早期的决策体系。大多数历史学家把“古老的黄金时代”叙述成反对国王和寡头的一种政治力量的兴起，这是一种新的统治模式，它催生了值得珍惜的民主价值观和象征2 000年西方文明的传统制度。不过，人们很少从组织模式去研究和解释古代民主，而这种模式促使集体智慧的流动，从而做出更好的决策。事实上，这种民主正是当时的历史状态所决定的。如果古代雅典创造了真正的大众民主，那么他们还发明了一种组织性决策，这种组织性决策的根基是精心策划的广泛民众进行讨论和辩论的过程，比起一个君王或一小群的贵族领袖的个人意见，民众能做出更好的决策。我们来看看他们的集体决策是如何行使的，然后通过这样的决策能力，更深入地探索文化、价值观和历史进程。

是赤诚的爱国情怀，还是一场疯狂的“血腥玛丽”式灾难

时光飞逝，转眼便到了雅典集会决定性投票的那一天，尘土飞扬的雅典卫城街道上充斥着挑衅的愤怒和恐惧。这种恐惧来自暴君薛西斯急于对雅典复仇的传言，以及占卜者预言的雅典灾难。上一代雅典人曾经支持过薛西斯的父亲，但在

小亚细亚省组织的反统治战争中，他们羞辱了他父亲早期尝试征服他们的想法，作为他的儿子，薛西斯要粉碎雅典和其他敢和他抗衡的希腊人，以此来祭奠他的父亲。他发誓，终有一天他会把海拉斯吞并，然后将其归于不断强大的梅德（Mede）的统治下："波斯边界的土地只属于宙斯的天空。"

雅典人在他们的市中心进行集会，他们知道，摆在他们面前的决择是充满困难和潜伏着灾难的。是和其他臭名昭著、只顾自身利益的希腊城邦并肩作战，还是单独抗战？虽然在任何一种形式下，双方力量悬殊都很大。从北部进军与入侵者交手，还是从海上进攻敌军？或者，什么也不做，寄希望于中央城堡能阻挡住敌军的进攻？

很多人相信，对于强大波斯军力的恐惧，将会促使大部分希腊城邦联合起来，与雅典形成统一战线来对付共同的东方敌人。不过，从谣言和经验来看，很多人还是怀疑。迫于压力，那些打算和雅典联手的城邦不会和雅典并肩作战。他们也许会向敌国投降（因为很多城邦已经开始这么做了），期望作为敌人的附属国而得到一条活路，或者向南撤退到古希腊东南岸（靠近科林斯）的巴拿马海峡守一席之地。这样的话，来自北部的攻击压力将置古雅典的阿提卡（Attica）于十分不利的境地。雅典人知道，他们不得不一边保护家人的安全，一边去击碎渴望比敌军多一些战略优势的幻想。到底会是怎样的情形呢？经过数天的辩论和相关的调查，现在摆在民众面前的是需要勇气却又让人痛苦的提案：提案要求完全放弃家园和城邦，妇女、儿童和老人都要移民到靠岸的保护区，而成百上千的男性民众需要制造战舰，到海上抗击敌军。

领导者示意安静后，开始读需要投票的法令条例。"由委员会和人民共同缔结。"他开始读了，语气里满是对民主统治信条和文化的虔敬，然后他又把这些内容细化：

◎ 城邦和家园如何撤离并“委托给雅典”。

◎ 把妇女、儿童还有财产运到附近的特里真（Troezen）和埃伊纳岛（Aegina），从雅典出发每次需要航行半天时间。

◎ 有军事经验的男人派到雅典海军的战船上，有的向北航行准备在阿尔特米苏（Artemesium）开战，其他所有人在萨拉米斯的邻岛驻营，抵御随后的进攻。

◎ 早年被放逐的一些重要的政治流亡者现在通通都被唤回来保卫国家。

人群中的很多人都认真地听着，有几个人扫视着周围古老的城丘和其他更远的人，像是修米塔斯山（Hymetus），或是地平线上的潘特勒（Pentele），他们的思绪短暂地离开了等着他们的流血、呻吟以及海战甲板下让人恐惧的咆哮。那些从来没有在战场搏斗或者咆哮过的人寻思着他们将要怎么做，不让配有装甲车的陆上部队去迎战波斯军，这种做法是否愚蠢？而更多的人看着周围的人，问他们怎么才能把所有的妇女、儿童和老人从自己的家乡搬离，将他们的爱人安置在特里真这样近的地方是否安全。

大部分人都盯着人群前那个聪明善辩的发言人地米斯克利将军，他的话很让人振奋却又让人生疑，他们问自己，刚刚他所说的提议到底是赤诚的爱国情怀，还是一场疯狂的“血腥玛丽”式灾难。他们应该采用这位肥头肥脑、满脸胡茬、被描述成“希腊隐形蛇”的人的建议吗？关于支持还是反对决议，辩论又激烈地进行了半个小时，然后，又是新一轮投票开始。这时，6 000 名民众突然陷入了沉默。随着人的影子越拉越长，所有人能听到的声音只有远处市场上几只动物的叫声，附近树林里知了的叫声，还有人群举手表决时的低语声，这项决议通过了。

向萨拉米斯发起海战

接下来的几周里，随着夏天热浪的加剧，雅典人通过自己的民主集会，对战役做了长远的计划并开始行动。战舰都已备好，萨拉米斯岛上的基地也已建成。在疏散前，家家户户开始收拾家当，家具和生活用品被摆放整齐；有的人家已经开始离开。与此同时，来自波斯的威胁也变得日渐清晰。

雅典人决定将疏散人员和所有的海上行动结合起来抵御敌军，然后与其他的希腊城邦在科林斯地峡会合，这是总体规划共同战斗的一部分。联合起来的城邦会竭力抵挡向北推进的波斯陆军和海军，这两支部队从皮奥夏跨越而来。他们进一步对当地环境进行侦查，到 8 月，薛西斯的进军使得北部的希腊城邦纷纷投降，唯剩下联合起来的希腊势力仍处于防守位置。陆上部队由斯巴达人领导，他们集结在一个狭窄的地域，也就是后来著名的的塞莫皮莱隘口（在皮奥夏和洛克瑞斯之间）；在海战中，他们藏在靠近阿尔特米苏北部的俄波按（Euboean）港口。舰队名义上由斯巴达人领导（对他们在战斗中的威信的认可），但实质上，雅典的 180 多艘战船在整个舰队中占很大的比重。

8 月底，波斯人最终还是打破了希腊的防守。在塞莫皮莱一场困难重重和充满血腥的战斗中，波斯人被联合起来的希腊势力击败，斯巴达人一直奋战到杀死最后一个敌人。这段历史后来成为英雄史诗、书本和纪念碑中常选用的主题。但在阿尔特米苏的海战中，幸运神眷顾希腊的方式很不一般。在与敌军一连串的较量中，希腊遭遇了强烈风暴的袭击，而且还受到敌军突袭，以及敌军精练的海上作战技术的挑战，不过，最终希腊联军与更强大的海上帝国入侵者打成了一场平局战。此次战斗使得希腊军力底气十足，希腊人从北部返回南部，而海军特遣部队则驶向萨拉米斯岛新的战略基地。波斯的远征力量带着他们凯旋的军队和依旧强大的舰队继续前进，开始驶向他们的下一个目标：雅典。

奇袭波斯，希腊取胜

然而，在9月初，当波斯军队最终抵达雅典时，他们惊奇地发现，雅典是座空城。按集会的决定，所有的雅典女性已经离开自己的家园，而男性公民则都上了船舰，等候在萨拉米斯岛的码头附近，为海战做准备。狡猾的希腊军队接下来会有怎样的举动呢?

在接下来的几周里，波斯军队洗劫了这座城市。与此同时，联合起来的希腊其他城邦现在也和雅典一起集结在萨拉米斯岛上，他们相互争吵着究竟应该在哪里与波斯的舰队和军队交手。尽管雅典人已经投票决定在他们的家园附近打海战，但他们的将军地米斯克利，也就是战略的缔造者和授权者，现在不得不和希腊城邦的将军们进行协商。现在的问题是，是否在雅典附近的狭窄海峡跟波斯军队决战，如果在那儿战斗，这对希腊的船舰无疑是有利的。又或者撤退到南部地峡，将赌注压在该位置的陆地优势上。

最终，希罗多德通过一番花言巧语和弄虚作假的报告，使得地米斯克利将军更偏爱的后一种策略得到推行，这一策略同时也是雅典人支持的选择，而希腊人则在萨拉米斯岛海域守护他们的家园，这是一个正确的决定。正如人们期望的那样，雅典人的骁勇无畏和崎岖陡峭的海峡地形（当地人对地形很熟悉）让波斯军队吃了个大败仗。实际上，这次战役是整个战争的转折点，也是波斯帝国濒临瓦解的前兆。对于后来的萨拉米斯岛来说，也是一次势力中心转移的开始，因为萨拉米斯岛战役之后，波斯军队控制了通往希腊的爱琴海，而这些变化最终迎来了雅典势力和雅典辉煌的新时代。雅典人在战争中表现出的智慧与无畏，在后来指挥新的海上舰船实验里再次显现，这奠定了它在希腊不容小觑的地位。后来雅典人管理着这些朝贡的同盟国，并让雅典成为当时世界上空前绝后的文化金融中心。

良好的决策，造就了雅典的辉煌

在评估雅典人制定决策的影响时，我们不应该轻看了已经启用的决策。引用当时一个很著名的历史学家说的话："这样的说法一点都不过分，那就是，是决定点燃了战争的导火索，从而保存了西方文明，也让雅典人有机会创造最终塑造了整个国家的民主。"尽管决策不能创造未来无法预料的胜利，但在命运攸关的时刻，雅典人民投票决议，为后来一系列重大事件打下了基础（并且是相对大胆且英明的决策）。**这些良好的决策把雅典的辉煌提升到了前所未有的高度，让雅典人民在过去古老的世界里，建立起无与伦比的生活方式。**此后，雅典的传奇持续了数百年。

历史学家靠讨论这些议题来维持生计，我们可以赞美拯救了雅典人民同时让波斯军溃败的民主决策。不过，这里我们要讨论的是一个更有意思的议题：雅典人民是如何做出英明决策的？我们手头的资源，加上关于古代民主本质研究的最新发现都向我们展示，由人民做出的决策而取得战役的胜利靠的并不只是简单的运气，而是集体决策这种革命性的方法。要了解这一革命性方法的渊源和本质，我们就必须了解它在实际中的运作和形成过程。为了做到这些，我们要掌握决策的内容，然后看它通过哪些流程来形成决策，再看它带有的更深层次的文化和体制的性能。

理解古雅典民主：集体决策文化

公元前480年，该决策起着至关重要的作用，当时谁也不知道波斯军队横穿希腊时会做出什么举动，尤其是他们打的旗号是"向雅典复仇"。每一个雅典男人、女人和小孩都清楚，波斯军队一旦胜利就会对雅典形成致命打击。跟那年夏天共同做出决定一样，民众都知道，摆在他们面前的选择迷雾重重且充满危险。如果在陆地上驻扎并战斗，就意味着只有一支虽善战但规模更小的军队来对抗成群的波斯敌军。另一方面，雅典人在陆地上的战斗力已经接受过考验，尽管没有希腊的斯巴达人那么有规格，但在在很多战役上，他们仍然显现出了非凡的英雄气概。海上战斗利弊参半，雅典人已经投入建造令人钦羡的船舰，但这支海军力量还相对年轻，而且大部分希腊城邦不太愿意选择海战作为防守家园的方式。

放弃城市和农场，给入侵者一个突如其来的打击，给没有陆军保护的亲人们的安全创造奇迹，这是一个大胆但阻碍重重的设想。他们的土地和家园，被信仰和祖先的传统紧紧联系在一起，雅典人意识到，离开家园撤离的战略不仅会引起不和谐的情绪，而且这种情绪在希腊从未有过。在这种充满挑战的背景下，让人颇感兴趣的是，公元前 480 年，雅典人民最终是怎样做出他们的战略决策的。不幸的是，古代资源不能为所谓的“议会程序”提供很多细节上的信息，而且实际的证词也因为伴随着很多虚幻的点缀而疑点重重。然而，从其他时期的民主推断，同时将关于民主的一些不同传统拼凑起来，我们重建了这样一个可能出现的画面：越来越多有信心的民众跟来自历史宗教和传统束缚的力量进行抗衡，参与制定理性的决议。这是世界上第一个民主组织的雏形，同时它也是一种为形势所迫而由成员缔造的文化，它微小，却意义重大。面对可怕而艰难的决定，雅典人民克服偏见和歧义，采取行动，发展并行使了真正意义上的集体决议。

通过宗教和现实排序

在关于萨拉米斯岛最终投票的前几周里，随着波斯军队入侵消息的传入，雅典人开始着手开会，讨论接下来做什么。根据希罗多德的建议，民众采取最原始的办法来寻求建议，派遣使者到著名的特尔斐神示所去。特尔斐是阿波罗的一个宗教避难所，里面供职的是能给出谜一般预言的女祭司，她们专门为那些寻求指引（有求于神）的人提供服务。雅典人从信使那得到的第一个回复对他们来说是十分消极的，隐晦的含义是雅典即将面临一次毁灭，她的答复是“飞驰的叙利亚战车里的战神，将会把你推向深渊”。

雅典的使者听到这神谕后很是绝望，于是打算离开，但当地领导者建议他接受“第二个神谕”。第二次得到的仍是另一个模糊的信息，可能是因为这位女祭司不想太疏远了她的雅典“客人”，这个神谕稍微积极点，主要内容如下：

能预见一切的宙斯，保佑雅典的祷告。
木墙不但不倒而且还将保护你们和你们的孩子。
对来自亚洲的奔马和铁骑，不要坐以待毙，
应该从敌军进攻之方向撤退，
终有一天你们会和宙斯面对面。
神圣的萨拉米斯神，
当玉米种子散落或粮食丰收时，
母亲的儿子们仍在流血牺牲。

在接下来的日子里，在民众集会上，雅典人民细细琢磨着这些句子蕴涵的可能性。我们可以想象这样一个画面，一群被完全授权的民众讨论着神谕，同时为雅典战略制定可行的方案。按照希罗多德说的，年长的人在会议上提出，神谕中的“木墙”指雅典卫城周围传统的对冲式围栏，意思是只有在神圣的城墙堡垒中，人们才能保住性命。其他人则认为木墙指的是船舰，雅典军队现在建成了的海军，但对此持相反意见的人听到下面的说法心里更不舒服了：一小群“专业释义者”指出，“神圣的萨拉米斯神，当玉米种子散落或粮食丰收时，母亲的儿子们仍在流血牺牲”暗示的是，船舰联合起来做成木墙，在岛上的岸边作战会让国家灭亡。

希罗多德继续解释说，这种僵持不下的局面最后被地米斯克利将军打破，将军说服了集会的雅典人，说神谕传达的实际上是好消息。因为萨拉米斯岛是神圣的不是憎恶的，而牺牲的母亲的儿子将会是敌军，而非雅典人。萨拉米斯岛是神圣的，因为它将用它的木船保护雅典人的安全。

不管历史事件的实际顺序是怎样的，希罗多德描述了这样一群民众，他们继续从遥远的事件中收集信息，然后在对看似权威的信息做不同的阐述，在这个基础上，他们对行动的过程进行审议和衡量。古代评论员在最后指出："雅典人是如何发现地米斯克利将军对神谕的解释是最好的、最专业的。"实际上，他们做的就是评估不同的选择，然后推翻最后看上去还是疑点重重的决策。地米斯克利将军是一个善于劝服人的演说家，而且他还是早期决策的提倡者，他组织建立了雅典海军，也就是当时所说的"创建木墙"。几年前，当这座城市在矿山附近发现大量银子时，地米斯克利将军就劝说民众先别急着把财富按人口平均分掉，而是把一半的财富投资到集体防卫上，建造 200 艘船。这一早期由集会做出的决策，使得雅典一跃成为希腊的主要势力，突然之间站到了空前强大的海军力量的顶端。最后，这些之前建造船只、建立防御工事的民众，现在又做出另一个合情合理的决策，即他们的最佳赌注是充分利用这批防御工具，对抗即将袭来的波斯军队。

在最后投票的几天里，集会的民众听着，辩论着，还有的人对专家们最初的决策提出质疑，用更加理智、更具策略的方法来解释那受人尊敬的宗教人的预测。那个决定命运的下午，地米斯克利将军评估了决策，最终决定要最大化利用战略装置。他们希望不仅建立起自己最好的防卫装置，还希望能联合其他英勇的希腊城邦，以及他们对战斗提供的特殊支持。在撤离城市之前，他们要求，甚至是强迫自己去服役应急海军，为萨拉米斯岛战役做准备。这个决议密切关系到让战役成为现实的可能性，没有任何人怀疑，现实多么需要实际行动，因此他们毫不迟疑地举手同意战斗。一旦做出决定，接下来的就是完全投入战争并且立即履行自己的诺言。按后来的历史来看，全局战略和动员民众撤离是很明智的举措。

民主文化的起源

我们可能会假设，这些明智的决定都是由一个人想出来的，而且事实上很多故事也暗示，让战斗取胜的策略来自“思想领导者”地米斯克利将军。但就算是地米斯克利将军的实力足以向所有雅典人发号施令，告诉他们所有的计划，那么在这座不遵循民主宪法的古老城邦里，他仍然面临三个问题，在面对复杂、高风险的决议时，这三个问题甚至仍然困扰着今天的领导者。第一个问题是，如何结合所有必要的信息，告知民众一个好的决策？第二，如何调整好集体大众的利益和动力，以充分调动所有人，而不是一部分人？第三，如何策划好计划和流程，让集体决定并联合起来把计划变成现实，与此同时还得做出框架为后续决策制定和发展创造条件？

在现代社会，当面临组织绩效方面的挑战时，传统企业或者军方的回答是把企业分层。由顶层人士或者小团体制定决策，然后通知并要求其他人去执行，通常情况下，他们都要掺杂些许担心和鼓励。隐藏在传统模式下的还有另一个理所当然的假设：复杂的决定需要丰富的知识和经验，而这只有一小部分专家才能胜任。然而，我们都知道，现在的企业都在改变这种典型的“吹捧”范式，更多的转向他们员工的更广泛的知识来源，并且加强与更便捷更开放的网络之间的联系。雅典能创立这种民主，必然是民主思想和行动的先驱。由于公元前16世纪后期的政治改革，地米斯克利将军能够基于广大民众的集体智慧，通过刚确立的解决问题的集体决策流程，提出和监督一个战略决策；团结所有的利益群体为某一特定目标服务；把计划付诸实践，如有需要，提出后续计划。再回头看看雅典远一点的历史，我们便能发现，这些能力非凡的雅典人跟这种做事风格的发展路径。

历史学家认为，早期的民主火花可以追溯到希腊久远的历史，但大部分人都赞同民主主要诞生于一场影响深远的改革，这场改革由一位名叫克利斯提尼（Cleistenes）的雅典政客主导。大约在公元前508年，雅典被贵族们的内部战争分裂，同时其自由还面临来自邻国敌军突袭的致命威胁。随着雅典陷入存亡的紧急关头，一位名叫克利斯提尼的贵族把这种危机变成了一场机遇。他把传统弃之脑后，奋尽全力在民众中间发起民主运动。在民主运动中，他倡导了一些重塑社会和国家法律的提议，很快，他和他的同胞们建立起了大众民主的基石。改革的核心正如大部分处于水深火热中的雅典人所理解的那样——创造新的的民主公民概念，新的民主公民包括所有成年男性，他们都被授予投票和给他们自己做决定的权利。同这些改革一起还产生了一个新的组织——完整的公民军队。新公民团体的结构不仅为城市的军防创造了新的组织，也为公民出于公众利益参与决策制定提供了一个独特的结构体系。在本质上，改革是建立在一个简单但深入参与的原则之上的：“我们共同管理，我们一起战斗。”民主是如何闪电般完成的，这些细节不得而知，但我们知道，民主可以有效激励雅典人民迅速团结起来打败邻国的入侵者，同时还为后来制定决策创造了文化支持。

让人好奇的一点是，这场改革是如何在这种首创的公民概念下，将涉及共同利益（自由、平等、城邦的承诺）的文化价值观念结合起来的呢？改革还包括一系列既鼓励公众参与又充分利用各种不同知识体系杠杆作用的条例和做法。新组成的“公民”都是按家庭和地理区域有意随机组合而成的，然后在中心城市按抽签来选择工作以及管理他们自己的活动。改革突然赋予了所有公民按照自己的命运来决定问题的权利：为制定决策做议程、在民众当中展开讨论和审议、为法院的司法服务。每个人都巧妙地“混合在一起”（像亚里士多德说的一样），本着“实践出真知”的理念，轮流成为自己政府的重要领导者。

人们被团结到一个公民团体中，这种建构确保了那些以某些其他方式结识的人能跟另外的人认识，但他们也得和那些他们不认识的人合作。这种混杂的人群模式同时也保证，那些知道不同知识（如社会事务、农林、销售、采矿、冶金等）的各不相同的人又能跟另外的人联系起来，而另外的这些人又可能不知道这些东西。

在新的宪法规章下，所有的民众一起轮流合作，通过讨论协商解决问题，基于不同观点制定决议。这是受到集会中的民众会议的规章和制度保障的，并为辩论后组织、限制和创建可行的提议提供了一系列协议。这种民主进程和文化不断发展了几十年，并在公元前 480 年拥有了稳固的地位。

环环相扣的民主过程和文化价值体系不断发展，已经能对所有参与者发挥重大有效的推动作用。从零碎的古源中，我们有这样一个发现，那就是随着时间的推移，大部分雅典民众在一定程度上都参与到了关乎自己的民主事宜中，并且这些参与呈现出一些规律性。这就给不同经验和知识的融合提供了一种前所未有的模式，为基于谈话、共同承诺以便解决问题提供了平台和工具，使得问题透明化；辩论和商讨使得人们充分理解决策的风险和回报。民众通过倾听他人的意见和亲自参与决策，提升创新能力。由于民众既是决策制定者又是执行者，所以负责和履职是紧密联系的。民众一旦为战争投票，接下来的事情就是背井离乡，穿上盔甲，在登上战舰之前跟心爱的家人道别。

同样地，因为行动受规章和法律规范的制约，人们又开创了其他手段，用以延伸履职范围，或者按实际需要重新审议决策。人们可以缔造其他法律去修改或废除之前的法律。民主程序能让决策得到大规模执行，同样，在现实需要下，人们也能对之进行修改。

领袖力量刺激集体决策

公元前480年某个6月的傍晚，站在6 000名民众面前，地米斯克利将军面临的真正挑战，从这个大背景中我们能真正理解了。问题不在于他能否挖掘集体智慧的结晶，或者是强迫民众做不愿意做的事情，更不是促成能一劳永逸的决策。事实上，地米斯克利将军的真正挑战是：如何引导开始正确的谈话，并用他自己的雄辩能力，启动正确的“民主飞轮”式的谈话和审议活动。

在这些制定决议的最后时刻，让我们一起想象一下当时的场景。在民众中，有的人混在随机划分的小组中（这些小组又组成整个集会）；其他人干脆站着，在这场如火如荼进行的露天辩论中交换意见，他们边听边权衡大家提出的不同观点。关于波斯军入侵的消息从朋友、邻居以及信使那儿传到村里，了解到“事实已经摆在眼前了”，民众加快了决议的制定。他们耐下性子聆听专家的声音，揣摩来自宗教方面的神谕；同时，他们把专家和祭祀提示的信息跟当前的很多实际因素结合起来，诸如军队、船只、离海岸线较远的海域最近的天气以及每个家庭放弃故土的决心。在或大或小的会谈中，被讨论过、分析过的千千万万个这样琐碎的问题成为最终决策的依据。

最后，在让人信服的论点基础上，一位雄辩的领导者提出一项建议，人们下定决心，为了未来，自己必须做出这辈子所能做的关乎生死的最好决定。在巨大的危难面前，民主审议和决策文化蓬勃发展，在这个著名案例中，这一文化催产了第一波民主决策，这些决策让这个古老国度赢得战争，并走上一条辉煌道路。

众人拾柴火焰高

这个历史性事件给我们提供了一个新视角，那就是在现代企业中，反复呈现的影响优良决策制定的因素：理性决策。它能把不同的观点结合起来，它熟知事实和更广阔的知识，它能通过建设性讨论和挑战让自身更具竞争力。制定一个决策需要清晰流程的指导，这一流程重视平等、公平和透明性。

我们还注意到，这不是简单的一个决策，而是一系列反复的决定，其中每一个决定都建立在新的知识，以及从先前阶段的辩论中学到的知识之上。**制定决策不是一个简单的瞬间，而是一个随着时间推移不断提高的决断过程**。同时，作为现代最佳实践的事例，被权衡过、反复思量过的决议，跟负责制定出它们的人紧密联系在一起。领导者在决策中扮演着至关重要的角色，但他们更多的是协助制定以及讨论最佳决策；地米斯克利将军也没有权力独断专裁。也许最重要的是，这个故事讨论的是民主文化的威力——一套价值观、些许假设、关于集体思维价值的心态、参与者的权利和义务以及对“众人拾柴火焰高”的理解。

JUDGMENT CALLS

08

洞悉“黄金债券”风险，
让领航集团规避次贷危机

从 2005 年末到 2008 年夏天，梅布尔·宇不断将自己逼到身心俱疲的边缘。她已经夜复一夜地工作到了近乎疯狂的地步，审视复杂的关于结构性金融证券的描述和分析，包括住房按揭贷款支持证券、商业房屋贷款支持证券、关于信用卡、车贷、租赁的资产支持证券以及资产支持商业票据。这种投资安全可靠，还是说领航集团代表客户买入会风险过高呢？得出这个问题的答案非常艰难。然而，即使她和全球的人开始弄清了在住房按揭贷款支持证券背后的资产出现的问题，还是有很多其他的复杂资产类型。梅布尔感觉自己像在从各个方面灭火。

梅布尔的健康状况正在恶化，她经常偏头痛，可能是缺乏睡眠，也可能是压力所致，她自己并不清楚。她的小女儿感觉她只顾工作而忽略了她，因此梅布尔决定在女儿睡觉之后再做分析，当然，这是以睡眠为代价。她简直弄不明白这些债券的风险等级及其背后的一揽子抵押贷款，另外她还必须评论所有其他结构性金融产品。

2005 年春，她在领航集团的投资工作上才做了几个月的时间，但是她想，她过去的经验使得她有资格评估信用风险。她拥有 MBA 学位，在进入领航集团前还做过注册会计师、公司掌舵者和金融分析师。那为什么在处理这些证券时，她会遭遇这么大的困难呢？她是因为单纯缺乏经验还是个人能力不足，无法理解这个所有人看似都能理解的东西？还是这些投资产品存在什么严重的问题？

梅布尔在领航集团的工作就是进行评估和推荐固定收入投资产品。作为一名固定收益信贷分析师，相对而言她是个新手，她负责评估债券的内在结构、资产的质量（在一揽子抵押贷款的情况下）和违约风险。然后，她要给领航集团的证券投资管理者提出是否购买这只债券的意见。这种抵押贷款债券是一种相对新颖的债券，但是在过去的几年里，它的交易量急剧增长。

梅布尔正在评估的所有债券都曾被评为 AAA 级，被认为是“黄金级别”，是由最初的评级机构如标准普尔公司和穆迪公司评定。此外，它们是通过华尔街顶级投资银行雷曼兄弟公司、花旗银行、摩根斯坦利、高盛卖给领航集团的。这些顶级公司怎么会出售糟糕的产品呢？更为讽刺的是，梅布尔曾认为作为一名新分析师，这是派发给她的一个简单任务。关于评估 AAA 级债券，何为困难呢？这种众所周知的轻松活，反而让梅布尔倍感压力。如果它对一个新分析师而言是一项简单的任务，为什么她会觉得这么困难，甚至在透支自己的生命呢？

梅布尔在进行债券评估时，遭遇的困难来自新发行的数量，每周，她需要评估多达 10 笔交易的复杂性，基础资产缺乏透明度，证券评估的周期短。根据证券业和金融市场协会的数据，全球证券类金融产品发行总量在 2006 年以 2.7 万亿美元的总值达到顶峰，并且住房抵押贷款证券的发行总量从 2000 年的 6 840 亿美元，增长到了 2005 年的超过 2.2 万亿美元。梅布尔担心结构性金融产业的整体恶化趋势，并且特别担心交易背后体现出来的按揭信用质量的恶化。住房抵押贷款证券的崩溃只是整个政府紧急救助结构性金融产业的标榜。

这个时候，次级抵押贷款产业正是如日中天。许多正进行抵押贷款的户主，过去是达不到贷款标准的，或者他们提供不出收入证明和几乎无力偿还贷款。这不仅是客户第一次获得次级信用资料，也是大量新的按揭产品第一次被提供给次级客户。新的不同寻常的产品包括仅付利息贷款、负摊销抵押贷款、无证明文件贷款、初始固定利率贷款、夸大评估值、无须首付和任何进行抵押贷款融资的人能够想出来的产品。评级机构使用历史数据来估算未来的损失率，但历史数据中没有与这些借款者和产品相关的数据，所以他们的预测是脱离背景的。

领航集团是一家保守的公司，因此，马上它就对这些类型的抵押产生质疑。时任领航集团固定收益投资部门主管的罗伯特·奥维特尔（Robert Auwaerter）决定领航集团将避开这些业务以及以之为基础的更加复杂的债务抵押债券（CDO）。不过，优质抵押贷款作为资产的住房按揭贷款支持证券则被认为是安全的。

然后，梅布尔对住房按揭贷款支持证券的艰苦分析似乎表明，即使是AAA级债券也有某些次贷敞口并且日益增大。梅布尔怀疑银行是在通过将次级贷款切割成复杂证券来掩饰次级贷款。梅布尔对这些证券抱有怀疑有以下众多理由：

◎ 对证券进行评级的人似乎非常缺乏经验；
◎ 她不确定他们是否花了足够的时间来做一次全面审查；
◎ 没有验证的异地贷款正在以前所未有的速度和规模被推向次级客户；
◎ 使用过去的数据来测试违约的可能性是不现实的；
◎ 如果所有资产的价格同时下跌，对不同寻常的证券产品而言很难捕获风险，特别是关联风险；
◎ 卖方公司和评级机构在商业模式上存在冲突，因为他们都通过把产品推向市场赚取了大量的钱。

证券是不是投资银行有意识的托词，投资质量的认定极其困难。

当梅布尔开始向信用分析师团队中的其他人以及有价证券管理者坦露她对这些证券的担忧时，他们支持她，并且当她通过深度调查证实她的信用观点时，她此次怀疑带来的利益也分给了她。有价证券管理者完全可以不顾她的意见，但他们给予了这些意见足够的重视。

为了进一步证实自己的想法，梅布尔想直接与提供这些贷款给领航集团的“卖方”，即投资银行以及授予他们 AAA 级资质的评级机构对话。这些组织自身刚经历了一场变革。因为结构性金融产业的迅猛发展，所以有大量缺乏经验的新雇员在进行复杂和高风险产品的审查工作。而且，对于这种专业技能的需求缺口极大，以至于这些分析师只要积攒了一点经验，就会选择跳槽到报酬更高的企业。

梅布尔从不是一个面临挑战会退缩的人，她联系上了他们。其中有一些是华尔街的投行家联系的她，因为他们听说一个初级分析师居然在妨碍他们销售 AAA 级资质的住房按揭贷款支持证券。这种正面接触加剧了梅布尔的紧张程度。至少可以这样说，他们认为梅布尔的担心是毫无根据的。梅布尔被告知：“我们有很多聪明的人提出了这样的观点，在这些证券后面有非常精密的数学模型，并且“当这么多公司和投资者正在购买这些产品的时候，为什么你要担心呢？”

这些卖方银行家和评级分析师认为，无论是对梅布尔自身和她在领航集团的同事而言，她的质疑，与她自身缺乏经验和天真有关。在他们不耐烦与居高临下的口气中，他们实际上表达的是：“你怎么可能聪明过我们这个由具有几十年经验的人组成的团队呢？”当市场正处于炽热期而他们拥有大量的订单时，他们几乎根本就不关心梅布尔提出的问题。

领航集团的企业文化与价值理念

如果她是独立决定是否推荐这些证券，梅布尔可能会屈服于这些外在金融团体的不断施压。毕竟，其他人看似都看好这种投资方式。并且，在2005—2007年，他们确实比其他类型的固定收入投资产品带来的回报率更高。

然而，梅布尔的工作场所是领航集团。这家公司在金融服务业有着更强大和定义更明确的企业文化。一些相关的文化价值如下：

◎ “快速致富”的理财计划是无法成功的，投资者和领航集团都必须追求长期策略。在领航集团的观念里，财富较少的人能依赖我们创造多少财富，更多的依赖于我们怎样储蓄并进行长期投资。

◎ 深入并且定期关注个人投资者。领航集团的职员被教导被客户委托金融希望和梦想是一种荣幸和令人敬畏的责任。

◎ 每一位领航集团的“船员”（公司充斥着与海事相关的比喻，它的品牌标志就是一艘快速帆船）都有能力为公司和客户做出贡献。俗话说“每一个人都能创造不同”。

◎ 强烈建议领航集团的分析师和有价证券管理者不应投资他们没有充分了解的金融产品。

◎ 坚持一种努力工作、拥有独立视角和为客户评估投资产品而刻苦勤奋终将会让各方受益的信念。

◎ 领航集团和它的雇员不进行选时操作的政策，并且他们也是这样建议投资者的。在2000年早期互联网科技泡沫期间，时任CEO的杰克·布伦南（Jack Brennan）甚至当领航集团经历显著的现金外流时，也拒绝屈服于通过技术投资产品赚“快钱”的市场压力。当然，事后来看，事实证明这个决策是英明的。

领航集团自从约翰·博格[①]1974年创立以来，就一直明确地倡导这些价值理念。通过领航集团的继任CEO布伦南和比尔·麦克纳博（Bill McNabb）的努力，关注客户的企业文化进一步加强。现在已经正式退休的博格依旧活跃在集团内部，并且深受许多雇员的爱戴。比如，梅布尔在采访中，就很钦佩地提到他和他说的话来佐证自己的说法。处于低谷时，她也是从博格类似“无论风雨多大，都要有坚持不懈的勇气，特别是当市场风暴肆虐时，仍需如此，这是成功投资者必须具备的素质”这样励志的话中得到慰藉。

博格以在投资业提倡直接、耐心的投资理念而知名。在他于1999所著的一本叫作《共同基金常识》的书中，他提出了给投资者的八条建议：

◎ **规则一：**选择低成本基金；
◎ **规则二：**认真考虑附加成本；
◎ **规则三：**不要过高评价基金的历史业绩；
◎ **规则四：**利用历史业绩判定持续性和风险；
◎ **规则五：**警惕明星基金；
◎ **规则六：**警惕资产规模；
◎ **规则七：**不要持有太多基金；
◎ **规则八：**坚守你的基金组合。

梅布尔已经把这些投资方法内化在心，但是她觉得博格留下的精华是他的价值理念、优先顺序和对投资产品和客户的态度。梅布尔感觉到博格已经慢慢将这些价值理念融入了每一位领航集团的员工心中，甚至将其融入了看过此书和听过他演讲的公众心中。2009年他出版了一本名为《够了：金钱、商业和人生的正确

① 约翰·伯格（John Bogle），基金教父，领航集团创始人，其投资圣经《共同基金常识》中文简体字版已由湛庐文化策划，北京联合出版公司出版。——编者注

应对》(*Enough: True Measures of Money*)的书，书名很好地诠释了他对财富积累的看法。博格免费送给了每位领航集团“船员”一套他的著作，包括这本书。即便还是初来乍到，梅布尔也接受了这些价值理念，事实上，这是她来到领航集团的原因，她说：

> 我知道领航集团有不足之处，但我热爱这家公司。在我加入领航集团之前，我在领航集团投资了我的全部积蓄——1 万美元。他们视我为上帝。我想为一家即使对待小客户也会如此友善的公司工作。

虽然她感觉到，为了了解她所评估的按揭贷款支持证券存在的风险，她要付出太多的努力，但她一直坚持着，一部分原因是因为她想保护公司客户的利益，而努力和刻苦也是领航集团所需要的员工品质。当然，她也不想失败。她说：

> 我不是一个轻言放弃的人。在我的内心最深处，我相信我是对的，我在做我该做的，那么，即便整个世界都质疑我，那又如何。而且，我相信，时间一定会证明我是对的，即便没有人知道我做过什么。但那不能影响到我，我依然要坚持。虽然我经常会想转行，但我从来没想过要降低我的审核标准。我害怕被误解；我很厌倦被当成傻瓜；我累极了；我感觉我在做无谓的努力。我经常痛哭，然而，我总能擦干眼泪，继续做自己认为正确的事情。因为我不想失败，我不想让我的亡父和上帝失望。因为我想告诉我女儿：“你母亲从来不是一个会轻言放弃的人，所以你也不可以！不可以因为困难就放弃！”

同样，梅布尔认为博格在公司创立的另一条价值理念也值得尊敬。博格将其比作“瑞士军队”——当国家受到威胁时，民众会拿起武器进行反抗。而在领航集团，在旺季以及金融危机导致大量的电话访问时，公司会召集“船员”们来接听客户电话。就梅布尔来说，每年 12 ~ 翌年 4 月份，她都会定期地接听电话。她初入领航集团时，并不喜欢这样离开自己的日常工作来接听电话，不过现在她感觉这有利于船员们记住他们都是在为客户服务。当她真的对审查房屋贷款支持证券感到厌倦时，她就会想想和她打过电话的客户。她会反问自己：“我怎么能不为他们做好工作呢？”

当然，梅布尔远非是单纯由领航集团的价值理念所塑造的，任何集团组织的文化对个人的影响都是有限的。她指出：

> 当然，领航集团允许并鼓励“船员”做正确的事情。然而，对我而言，这并不足以助我渡过难关。当面临非常巨大的挑战时，我们要做正确的事情，应该去哪里获得勇气、职业道德品质和伦理道德品质，尤其是还没有人认识到它的时候。就个人而言，我是从我的父母那里学会并内化了这些正确的价值理念。同样，信念赋予了我面对困难的勇气和平常心，即便是永远不会有人知道我做了什么。

异议的价值

领航集团的企业文化同样是一种鼓励“船员”异议的文化。这对梅布尔而言很是自然，她在我们第一次谈话时就说，“我是个非常直接的人”。但当她清楚地表明自己的观点时，领航集团的同事或者高管们的反应并不让她感到沮丧。当她抱怨华尔街掮客时，她被证券管理合伙人嘲笑过几次：“你把他们放在一个磨坊几个小时，然后你却不买他们的东西。”但从未有人直接驳斥她的观点，即使这些观点与时兴的华尔街智慧对立，甚至最初的时候，领航集团的投资者错失了住房按揭贷款支持证券的高回报，推出该证券意在刺激贷款。

领航集团固定收入部主管奥维特尔说，他经常鼓励大家提出不同意见，即便是在初级雇员中：

> 在固定收入部的准则中有一条就是，做出优秀的投资决策需要许多不同的观点。这是因为我们中的一些人已经在这里工作很长时间了，但这并不意味着我们有全部的答案。我记得我在经营公司债券基金和我们在关注一家实用基金的时候，我认为它太贵了，不应该购买。一个在那里待了6个月的分析师指出我错过了这家公司的一些东西。他是对的，而我错了。建设性的冲突是非常重要的。在挑战资深人士时，我们努力让处于经验曲线低端的人们感到舒服。

在进行决策的研究中有重要证据表明，对做出更好的决策而言，异议是一种强有力的工具。这并非新出现的观点。1587年，罗马天主教在圣徒决定中创造了“故意持相反意见的人”的角色。不幸的是，它仅仅在实践中持续了几百年。有人指出，它现在依然有用，并且不只是在圣徒做决定的时候。

从那时起，就有了在各种领域开展的肯定异议价值的研究。在社会科学领域，社会科学家欧文·詹尼斯（Irving Janis）可能是第一个解决这个问题的人。在1972年，他命名了这样一个术语“群体思维”，使用它来描述在不充分异议的情境里由群体做出的决定。即使包含有才能和善意的成员，在没有人提出不同意的情况下，这样的群体达成的一致意见往往不成熟。

关于异议的价值，接下来的许多研究是由查兰·内梅思（Charlan Nemeth）进行的，她是加利福尼亚伯克利分校的心理学家。她早期关于异议的研究重点不是商业而是陪审团讨论。不管是在戏剧中还是现实生活中，电影《十二怒汉》中的概念即异议能产生更好的结论，都是正确的。在20世纪60年代，内梅思主持了一项研究，发现当某人从主要意见中提出异议后，就会在陪审团中会产生更顺利、更公正的讨论结果。内梅思的研究同样证明制度化的异议角色，比如，“故意持相反意见的人”是有用的，事实上不同意主要观点的异议者对决策过程更有价值。

当然，作为一个持异议者，通常不是那么容易的。同样大量证据表明，异议者会被回避和失去在群体中的地位。正如在《十二怒汉》中其他的陪审团成员攻击了单独的“无罪”投票者，群体想迅速和简单地达成一致意见。如果组织想为异议提供便利，它必须不断地鼓励这样做。在领航集团，我们说到的每一个人都在培养它，这是一个好现象。

梅布尔的决策及其后续影响

显然借此，梅布尔强烈建议领航集团的证券资产管理人避开这些 AAA 级债券。然而，在 2006 年和 2007 年，这些被质疑的债券又被恢复，并且领航集团的回报比竞争对手的回报要低几个点。“管理层没有给我找任何麻烦，”梅布尔说，“我只获得了这些年的平均评论，但没有大的问题。”

在接近崩溃的美国和世界经济中，这类投资是主流。一个出色的卖家（和买家）雷曼兄弟公司，结果在商业中出局。其他与他们相关的，比如第一资本金融公司金融产品部门，被强制缴纳大额的政府保证金。并不奇怪的是，领航集团不需要这样的紧急援助，并且它的投资者没有暴露在来自次级资产自持债券的大规模的损失中。

在她指出领航集团不应该买入 AAA 级债券之后不久，梅布尔接到了一个来自于穆迪评估机构的请求，要求讨论整个领航集团与评级机构的关系以及她对资产支持抵押市场的看法。这个电话是解决债券评级问题的第一步。梅布尔很是直接。一家出色的媒体这样描述他们的对话：

在一家机构的内部备忘录中记录了一个电话会议，领航集团投资部的一位经理梅布尔认为，2007年夏天来自标准普尔公司的降级“晚来了半年之久”，并且对评级机构心甘情愿“允许发行人逍遥法外”的做法感到“沮丧”。“她在寻找RMBS（次级证券）和CMBS（商业抵押证券）的特别现象”。

这份备忘录继续写道：她感觉到，特别是在次级领域，个人被授予了过多的信用，而他们之前根本不能获得授信。她感觉没有足够可行的历史数据能测定这些更为激进的贷款。梅布尔一直都在这样说，领航集团要尽量少买这类资产并且到2006年初就完全停止对其的投资。领航集团已经见证了这些交易“变得越来越糟”，并且梅布尔的报告让市场在一段时间内持续为之惊悚，“看次级债券”增加了“评级机构正在给予发行人关于质疑的各种利益”。梅布尔补充道：“我感觉如果穆迪公司没有进行评级，这些发行人只能到其他地方去，并且在其他某个地方获得评级。”

通过一系列极度不寻常的事件，电话的内容已经进入了公众领域。出于一些梅布尔不清楚的原因，穆迪公司对电话内容进行了转录，并且将其作为一份文件存入了贮藏室。在经过2007年和2008年经济的迅猛下降后，美国国会举办了关于发生在2008年10月份经济危机原因的听证会。它传唤了来自于评级机构的各种各样的文件，其中的一份就是梅布尔与穆迪公司的电话的副本。由于反对意见的出现，她站出来反对按揭债券迅速成为一个广为流传的话题。比如，美国国家公共电台（NPR）部门总结她的反对意见如下：

戴维·科斯滕鲍姆（David Kestenbaum，NPR记者）：梅布尔，是的，她在领航集团工作，这家企业管理着4 000亿美元的债券投资。并且每当一个新的结构性金融交易出现，这份交易将会放在她的桌子上，和成千上万个像她一样的人们的桌子上。这些交易对许多投资者来说看上去很棒，但他们却不觉得梅布尔很棒。

梅布尔：我获得了评级机构分析师的名字，并且我问了他们许多的问题。刚开始的时候，这些问题在15分钟到半个小时之间，但后来就变成了一个小时到数个小时之间才能让我理解交易的风险。

科斯滕鲍姆：他们是怎么跟你说的呢？

梅布尔：我问他们，我说AAA被认为是最低风险，它意味着什么呢，是指即便事情同时都变糟了，我们的投资者仍然能够得到保护。这就意味着如果经济下行，如果房屋价格下跌，如果利率上扬，如果所有的事情都同时发生，我们的投资者会遇到什么问题呢？我没有得到一个直接的答案。

科斯滕鲍姆：他们有没有说，看，你担心的太多了，我们有很多聪明的人在为之工作？

梅布尔：很多次我都感觉十分无语。并且他们用各种方式问我，叫我不要担心这个，正常工作就可以了，与其坚持到那么长时间以及花那么多个小时问话，还不如继续享受你自己的生活。我担心的太多了。几乎每天都是。

戴维·科斯滕鲍姆：几乎每天都是？

梅布尔：是的，没错，是的。

领航集团的反应

梅布尔虽然已经成为一名媒体名人，但领航集团对她的决策引发的反应却保持沉默，即便他们一直都支持这个决定。她的老板，也就是固定收入部门的分析师比尔·罗伯特很是看好梅布尔，并且提到梅布尔已经被提名为2009年年度分析师。然而，他理所当然地对领航集团的企业文化做出了一些肯定：

这对梅布尔的职业生涯和她的自信水平有好处，现在她负责审查整个能源产业的分析。那时候她并不需向我报告，但我们对她和其他人在那个时期做出的决策感到自豪。我们意识到梅布尔工作太辛苦了，现在我们有4个人在做她2006年做的这项工作，并且现在少了很多新问题。但她的决策不是推荐这些投资产品，这在领航集团并不寻常。我们跳出原来的思路，以确保对于这些话题存在不同意见，确保我们没有错过任何东西。并且梅布尔的决定与我们的信念一致，这就是你必须理解我们所投资的东西。如果有超额的收益，那么很可能存在一个理由。

领航集团固定收益投资部门主管奥维特尔有着同样的观点：

我们为梅布尔感到骄傲，但我能举出许多与之相似的、预见性不强的决策。主要有两个因素在驱动他们：我们的组织哲学与梅布尔所采取的方式相对应，并且我们努力雇用这种类型的合适人才。我们的哲学就是观察好的长期的表现。我们并不是在寻找在任何特殊年份都能够解决问题的人。相对于我们的对手，我们有费用优势，并且我们愿意放弃一部分费用从一个信用视角出发，拥有一个规范的投资组合。

当问到领航集团雇用什么样的员工时，奥维特尔把领航集团雇用的和某些华尔街公司雇用的人进行了比较：

我们的员工聪明、敬业刻苦、有道德心，并且他们必须拥有深厚的经验。从顶级学院雇用MBA，并安排到交易场所工作，但他们缺乏经验，一些常见于华尔街的问题也随之发生。他们总认为“自己是大学里的精英”。我们不会雇用这些自以为是的人，也许是我们没有付出足够的报酬来雇用他们！

虽然借着和梅布尔一起共进午餐的机会，博格认识了她，但还是以典型的博格和领航集团的方式。他们的午饭地点是在一个不算高档的小酒馆，而非领航集团的咖啡厅。梅布尔点了一份沙拉和一杯饮料，接着付了领航集团 5 美元的传统庆典午餐券（公司分发给员工生日或达到里程碑式的资产规模的时候的 5 美元优惠券）。博格向梅布尔保证她可以点更多，但梅布尔仍然保持在限制以下。“他很节俭，所以我想按他的方式来。”梅布尔说。梅布尔有一些和博格一致的高层的价值理念。

金钱并不能驱动我。我只是想做好我在做的事情。在所有这一切发生之前，我已经是一个自信的人，但我现在更加自信了。尽管出现了金融危机，但我为我的公司争取到了好的结果。我不怕做与市场潮流不同的决定。如果他们说“卖掉，卖掉，卖掉”，如果我认为这是一个正确的决定，我会说“买入它”。在 2010 年 BP 石油公司泄漏事故期间，我做了几个艰难的信用决定，而那是与市场意见相违背的。结果证明它们是正确的。这样做的价值不是我因为这些决定赚到了钱，而是我可以自豪地将它们讲给女儿听，我也可以睡得很香。如果我在华尔街工作，赚了数亿美元，却使我的客户损失了很多钱，或者是因为公司的失误导致客户的损失，我仍然睡不着。

梅布尔说想在亚洲工作，最终她从香港来到了美国，不过，现在她在领航集团工作感觉很快乐：

我开始做我真正想做的事情，为整个能源部门做分析。当他们给我这份工作的时候，我以为他们在开玩笑。但我对领航集团非常忠诚。这家公司在员工中培养忠诚和承诺。与华尔街不一样的是，领航集团相信给它的雇员的长期承诺。在 2001 年和 2009 年的萧条期间，他们没有辞掉任何人。这是很艰难的，红利被削减，但没有人被辞退。他们对我是忠诚的，而且我也忠诚于他们。

注意你的决策与决议方式

梅布尔的故事同样也是领航集团的故事。它不仅是关于个人力量和梅布尔自身领导力的故事，也讲述了独特企业文化的优秀组织决策。领航集团强大的价值理念和企业文化帮助梅布尔抵制住了外部的压力并且为公司的投资者做出了正确的决策。

公司的企业文化同样为员工比如梅布尔的不同意见提供了条件。利益相关者在做决策的时候允许甚至鼓励异议——不管异议纯粹是内部的，还是像梅布尔一样涉及外部的影响，因为这是做出高质量决策的重要因素。

领航集团不愿从梅布尔这样的人中选取一个，将之塑造成公共英雄，与它的企业文化是一致的，即所有的雇员都能做出英雄般的决定，并且代表客户的利益采取英雄般的行动。他们显然为她的行为感到骄傲，但只是把她当作“瑞士军团”中的一名英勇成员。

梅布尔以及领航集团的故事，连同它所有的可见的报道，都阐明了在当前的透明社会里，使用好的判断和决策过程比以往任何时候都要重要。个人与组织的正面和反面的决断案例都很有可能被公众捕捉到并接受评论。因此，注意你的决策与决议方式。

JUDGMENT CALLS

09

困难时期削减成本，易安信不散反聚的团队核心力

2009 年 4 月 23 日，市值 170 亿美元的高科技公司易安信公司的众多员工上班前，就在心里做好了最坏的打算。那天，是公司公布 2009 年第一季度的财务报告的日子，而每个员工都很清楚，在当时的全球经济环境下，易安信公司的状况和几乎所有其他大公司一样不容乐观。全球正面临着经济大萧条，易安信公司的产品销量也不尽如人意。公司会大规模裁员和削减开支吗？公司会关闭旗下的一些工厂吗？一些员工可能会在马萨诸塞州霍普金顿市的总部大堂内，亲耳听到易安信公司前董事长兼 CEO 乔 · 图斯（Joe Tucci）宣布这些坏消息，而另一些人则推测他们不久后就要亲自应对这些坏事儿了。

那天早上，易安信公司的员工们坐在电脑桌前打开电子邮箱的收件箱时，看到了图斯发来的一封邮件。邮件的部分摘录如下。

收件人：易安信公司全体员工

时间：2009 年 4 月 23 日

标题：让易安信公司继续变得强大

我尽力以最简洁直白的方式向你们所有人说明公司的现状。今天早上，我们公布了公司的第一季度财务报告。我们为一直以来，即便是在市场整体状况最艰难的情况下，仍能保持高效执行力的大家而感到骄傲……

在世界经济低迷、消费者预算和 IT 业投资下降的压力下，我们公司第一季度的表现，尽管没有达到预期目标，却仍保持着整体强劲的势头。与以往一样，你们付出了巨大的努力来实现公司的战略目标，并带给了客户最好的消费体验。在此，我衷心地感谢你们的敬业奉献！

第一季度的经济回弹更加坚定了我对公司长远未来的期待。我深信，公司现在有正确的战略和愿景，具备有史以来最短的产品周期，有大批忠实的客户，还有实力强劲的战略合作伙伴。最重要的是，我们拥有全世界能力最强的人才。

同时，与你们一样，我深知全球经济正经历着数十年来最严重的一次低迷期。《经济学人》的一项最新预测显示，今年全球经济将下滑 1.6%，这是 20 世纪 40 年代以来最大的一次经济下滑。我们预测，IT 业的投资将从去年的高单位数百分比下滑至今年的低双位数百分比。此外，众多客户在 IT 产品的消费上，是我们所说的“刚刚好”的水平。

因为预测到了这些发展趋势，我们一年多来一直致力于削减非人力成本。1 月初，我们就宣布了一项影响深远的重组项目，其中包括在全球范围内裁减约 2 400 名信息基础设施工作人员。现在，这项裁员行动已经完成了 1/2，我们也将在今年下半年继续实施该行动。

但是，根据目前的情况，我们必须进一步采取措施调整收支。你们中有很多人都曾向我提出有关易安信公司进一步缩减开支的建设性和创造性意见，其共同点是：竭尽所能地服务客户的同时，尽可能少地裁员。对此，我强烈支持。诚然，每一位员工都是易安信公司的心脏和灵魂，是我们发展的动力，是带来最好客户体验的关键所在。我对你们为全世界的同仁和客户付出的巨大努力，表示衷心的感谢。

在分析了很多种可能性以及仔细思考了我们接下来的计划后，在汲取了易安信公司员工们的意见和建议后，我们想到了一个在不裁员的情况下，能够在今年为易安信公司削减1亿美元开支的方法。这笔费用，如果算进我们最初缩减3.5亿美元开支的计划中来，能够使我们2009年的信息基础设施花费缩减约4.5亿美元，2010年缩减约5亿美元。

我们的计划是在全球范围内削减员工5%的基本工资。此次减薪将从5月1日起，首先在美国实行，6月1日起在全球范围内实行。减薪将持续到2009年12月31日。在当地法律有特殊要求的情况下，减薪将以自愿的形式进行。

我们必须认识到，一个全球化的公司在面对世界范围内的经济低迷时，需要公司的每位员工做出自己的贡献。我们每一个人都应当团结起来。这次减薪同样适用于我和董事会的其他成员。特别要提到的是，高级管理团队的减薪范围是5%~20%。1月份，我便在减薪计划书上签了字。为了表示团结，我们董事会成员也会大力支持，1月份他们主动减薪10%，并在减薪计划书上签了字。

我希望你们每个人都明白这次行动的重要性。因为这5%基本工资的下调和其他一系列我们正在采取的降低成本的措施，将会帮助易安信公司在今年保留2 000个职位。

我明白，即便是最轻微的减薪幅度也可能会给你们带来很大的不便。我也深知，你们将付出的代价是巨大的。作为补偿，我们决定给每位员工5天

（即 40 小时）的额外带薪休假。

我也希望你们知道，我和公司管理层所有成员一定会悉心听取你们的意见和建议，和你们保持频繁深入的交流。我们也在这次的一系列关于缩减成本的讨论中，从你们那儿获取了很多宝贵的意见……

我对公司的未来充满信心，并为你们每个人感到骄傲！

图斯

图斯和公司的任何一位执行官都没有预料到公司员工的反应，无论是虚拟的还是面对面的。同一天，当图斯给员工们传达电子邮件里的内容时，全场爆发出了雷鸣般的掌声。员工们对那封电子邮件的反馈也相当正面。一名波士顿分公司的员工给图斯发了封邮件。

图斯：

您好！我想写一封短信来表达我作为一名普通员工对您为公司付出的努力的支持。艰难的局势迫使您不得不做出艰难的抉择。您竭尽所能地推动易安信公司的持续发展。没有人愿意经历减薪，但通过将责任分摊到每位员工身上，使得我们能够团结起来，共同面对困难与挑战。

这是艰难的一步，不是每个人都乐于接受，但时势造英雄，艰难的局势才能显示出真正意义上的领导者风范。能够在易安信公司这个透明、开放，着眼于长期发展，而非局限于每个季度的短期利益的公司效力，我感到无比骄傲与自豪。感谢您让我们每个员工清楚地了解公司制定最近这一系列决策背后的原因。

一名易安信公司的普通员工

另一名加利福尼亚分公司的员工也写信给了图斯。

图斯：

我知道您一定会收到很多回复，但我仍然要感谢您，感谢您做出如此正确的决定以及您坚定的领导立场。这个决定能够最大程度地保护公司员工的利益，帮助我们共度这段艰难的时期。并且，能够让我们在出现转机之前就做好充分的准备。我们期待打一场漂亮的翻身仗！

衷心地感谢您！

员工们有如此积极的反应，或许是因为他们之前预期的是更糟糕的大裁员，或许是因为他们为能够保住工作而开心，亦或许是为了这个政策能够实现责任均摊而松了一口气。但不论是什么原因，图斯和他的高层管理同仁们对有一点很确信——易安信公司有了全新的企业文化氛围，社交媒体的广泛应用又进一步巩固了这种文化。这种全新的企业文化一经出现，便开始影响公司具体的决策。

易安信的过去

EMC 的命名，来自公司创始人名字的首字母，而不是 $E = mc^2$（爱因斯坦质能方程式）。公司总部位于波士顿郊区，有时又被称为“128 号路的地方”（尽管它离 495 号州际公路很近）。公司主营业务是计算机数据存储系统和软件。公司在该领域所占的市场份额是其直接竞争对手的两倍，是该行业的领军企业。

易安信公司的企业文化反映出公司创始人迪克·伊根（Dick Egan）的个性。伊根的讣告形容他“咄咄逼人”和“个性强硬”。易安信公司的直接销售团队以其“强势”的销售策略闻名。销售团队的一项入职培训竟然是快速走过燃烧的炙热木炭。2001 年易安信公司的一篇通讯稿上写道：“火上行走能够帮助员工在将来更好地完成棘手的销售任务。只要克服了自我怀疑，一切便皆有可能。”

与大部分公司一样，过去的易安信公司等级制度严明，领导者性格强势，基本不会向员工询问意见，也不能容忍分歧。虽然没有人会形容这些领导者的“独裁”，但这些领导者手中却紧紧拽着权力的缰绳。简而言之，尽管公司主要生产和销售的是信息基础技术，但员工并没有自下而上地采用技术来提升决策流程的参与感。

社交媒体的意外崛起

易安信公司能成为社交媒体和参与性决策的积极采用者，着实让人大感意外，但这是不争的事实。社交媒体已经成为易安信公司决策制定和企业文化实质性转变的催化剂，或者说是这种转变的结果，又或许说两者都有。过去，高级管理者闭门造车般地在房门紧闭的会议室内制定决策；而现在，即使是网上的公开讨论也能够影响决策的制定。过去，公司的决策由会议备忘录宣布传达；而现在，则通过网络传达，政策制定者根据网上的反馈信息再做出相应的澄清和改进。易安信公司让公司全球范围内 49 000 名员工一起参与进来，共同提高公司的判断力和决策制定能力，也获得了员工们积极的响应。

从 2007 年起，易安信公司开始逐步转型。作为易安信公司负责全球营销的首席技术官，查克·霍利斯（Chuck Hollis）负责推进社交媒体在公司运营中的应用。霍利斯为公司效力 13 年了。在担任公司副总裁前，他还从事过工程设计、市场营销、销售和企业管理等多项工作。作为一位中高层管理者，他主要负责公司的重大项目。无论是在私底下还是在网络上，霍利斯都很能说会道。2006 年 8 月，霍利斯开通了博客，并在 2008 年写了一封描述公司“社交媒体进程”的白皮书。在这一章中，我们将摘录他博客中的内容。

霍利斯在博客中承认，对社交媒体利用的探索一开始是和易安信公司的企业文化背道而驰的。

> 我知道我所供职的公司崇尚“指挥和控制”……信息共享并不是企业的宗旨。我们认为自己掌握着特殊的知识产权。就连我们的所思所想也被认为是商业机密，不能为外人所知晓。考量每一件事的基准都是“有没有必要知道”。让人感到奇怪的是，这种趋势愈演愈烈。因为你一旦陷入这个怪圈，就不愿意轻易打破这个能够使你掌握信息特权的系统了。

尽管如此，易安信公司的高级管理团队，特别是时任公司全球营销主管的詹金斯（B. J. Jenkins）建议霍利斯筹备和推行社交媒体在易安信公司内部的应用。其他一些管理者也私下建议霍利斯推动这项进程。所以霍利斯说：“在开始行动前，我就已经有十足的把握，公司的管理团队都是支持我的。”

易安信公司之前就曾经利用一些社交媒体来制定决策，但几乎都是一些私下的讨论，并没有得到广泛的传播，也未能在公司范围内进行开放透明的意见交换。这一次，霍利斯和他的管理层同事们希望这项计划能够产生更加深远的影响。

在计划倡议开始的短短一个多月后，霍利斯就第一时间组建了一个团队。他们设立了一个社交媒体平台，该平台在2007年9月投入使用。平台取名为“EMC/1”，其中一个寓意是“创造世界第一的易安信公司”。霍利斯决定要让易安信公司所有的员工都能看到公司的上传信息。

> 公司已经有很多渠道来分享加密的或私人信息了，比如档案归类、电子邮件、网络聊天室、私人文档分享等。我觉得我们没有必要再开拓新方式了……我们希望公司的成员都能够有好奇心和探索欲……希望大家能够自由公开地对公司存在的问题建言献策，共同找出解决之道，而这是无法在“围着高墙的花园里”实现的。因此，从今天开始，我们要履行一个简单的规则——开放透明。

一开始“EMC/1”的主要使用群体都是公司里的一些私交颇好的小团体。一位“EMC/1”的使用者说：“早期许多使用者主要讨论的都是宠物、摄影、绘画之类的私人话题。”不过，也有一些技术小组在平台上讨论技术和竞争措施的问题。技术部门的员工们将会是该平台最主要的使用者。不过他们并非研发人员，而是社交媒体相关领域的技术人员。EMC/1 能够为技术人员提供产品需求、安装和字段实现等问题的反馈信息。不过不久之后，EMC/1 就会被运用到其他领域中去。

易安信公司的“成本转换”

与其他许多公司一样，金融危机即将爆发的 2008 年下半年，易安信公司开始面临困境。易安信公司存储设备的大客户的情况不容乐观，这些大客户都是金融行业的，其他行业的买家也开始缩减他们在 IT 产品上的预算。不过易安信公司 2008 年第四季度的运营情况仍十分稳定，该公司的执行副总裁戴维·古尔登（David Goulden）在公司的年终新闻发布会上说：“整个 2009 年，我们将会继续简化流程，缩减开支，加强全球公司的运营效率。”古尔登预测，2009 年全球对 IT 的消费和 2008 年相比将会缩减 1%。公司要做好充分的准备来迎接挑战。因此到了 2008 年，公司便开始着手成本转换项目。

此次成本转换项目旨在永久地转移易安信公司的一部分成本。由公司财务部项目经理领导的工作小组，以及 IT 部门和其他部门开始着手转移公司的人力成本、间接成本以及产品成本，其中最主要的是包括差旅费、建筑成本、承包商成本、咨询成本等在内的间接成本。人力成本也同样需要进行仔细审核：易安信公司需要实施大规模裁员吗？人力成本的耗费能够带来对等的效益吗？需要实施休假政策吗？鉴于这些问题的敏感性，在最终结果宣布以前，工作组的任务都是完全保密的，至少一开始是这样的。

然而，易安信公司的企业文化和决策方式在逐渐发生改变，其中有一部分原因是因为公司的业务也发生了巨大的改变。正如古尔登在接受一次采访时所说的那样：

> 2002 年，当我刚进公司时，易安信公司的业务范围仅仅包括设计和销售磁盘阵列存储系统。公司有直接的销售模式，那便是只销售给大型企业。公司生产的所有软件以及提供的所有服务都与磁盘阵列有关。在这样的组织体制下，作为领导者，无疑就需要站在决策制定的最高点上。
>
> 今天的易安信公司，市场业务涉及存储在内的多种技术，产品不仅销售给大企业，还销售给小公司，甚至普通消费者。渠道合作伙伴就成了公司运营中不可缺少的部分。我们创建了软件小组和服务小组；我们在美国东海岸、西海岸城市以及世界各地都创建了分公司；我们收购了超过 50 家不同类型的企业。这些都要求我们的决策方式必须加以改进，且成熟完善起来。

易安信公司的这些改变，促使图斯发起了“1 EMC”计划，该计划旨在进一步将公司的产品、流程和企业文化融合起来。当然，“1 EMC”计划给“EMC/1”平台的命名注入了灵感。霍利斯在他的博客里描述了“EMC/1”名字的由来：

> 虽然易安信公司旗下有众多分公司，公司整体运营体系惊人地朝着多样化、复杂化的方向发展……但公司的领导力却仍能高效准确地贯彻执行，这着实是一件不容易的事儿，不是吗？在任何一家有着超过 45 000 名员工的公司，每个员工在各司其职的同时还要兼顾和不同部门的同事合作，企业转变的新趋势也要求员工们必须跨部门协作。过去那种一个人说了算，而非多部门集思广益解决商业困境的成功秘诀在今天

已经慢慢地变得不合时宜。图斯和行政管理部门下达了明确的政策，即颁布“1 EMC”计划，进一步强调了解决商业困境的重要性……

我们团队快速地商讨了如何命名这个社交媒体平台。当然，它需要一个响亮的名字。我提的建议是，这个名字必须优先反映我们的企业文化。有人（我觉得可能是易安信公司员工伦恩·戴瓦纳）提出了“EMC/1”这个名字，很明显是由“1 EMC”计划衍生而来的。我觉得我们可以将这个名字解读为“易安信公司的一个员工网络”，或诸如此类的意思。不过，这个平台名称的意义远不如平台本身的意义大，那就是每一位员工都正以一种全新的方式朝着一个目标共同努力。

成本转换和“EMC/1”平台

2008年中期，“EMC/1”平台上的讨论话题开始改变。在易安信公司专业服务部从事技术认证工作的员工米歇尔·拉瓦伊（Michelle Lavoie）描述了她当时的心情：

2008年，受宏观经济的影响，员工之间充斥着焦虑不安的氛围。当时我们刚经历了一次大裁员，大家开始担忧能否保住饭碗，“EMC/1”的出现让事态出现了转机。

“EMC/1”平台上讨论的第一个有关成本缩减的重大问题是公司新颁布的假期政策。政策规定，员工上一年的假期如果没有用完的话，必须在第二年3月份之前休完。拉瓦伊认为这只是一个小问题罢了。霍利斯也没有把这个问题放在心上。然而，当霍利斯把这个假期政策在博客上公布后，却引起了员工们在“EMC/1”平台上的强烈议论。拉瓦伊回忆道：

有关假期政策的会议备忘录像往常一样公布了出来，有关剩余假期在第二年休完的时间限制只做出了很小的调整。这并不是一件大事，至少当时我是这么认为的。

但是网络平台上很快出现了一些关于假期政策调整的讨论，公司的每位员工都能通过网络平台看到。一些人对假期政策的这项改变提出了尖锐的反对意见；一些人觉得这项改变会给他们造成很大的不便，因为他们很早之前就安排好了的假期会因此受到影响；另一些人由于工作规划原因很难在限期结束之前用完剩下的假期，他们不得不开始考虑放弃自己的利益；还有的人甚至开始提馊主意。但不管怎么样，有一点是清楚的，那就是：每个人的看法都能够被看到。

没过多久，与这项讨论相关的浏览量就超过了 10 000 次，评论达上百条。然而，渐渐地，一些温和派的声音加入讨论中来，委婉地批评了之前那些言辞激烈的讨论者。

这些温和派们说，在经济形势困难的情况下，公司必须要寻找到合理的途径来缩减开支。假期政策的一些小调整完全是可以接受的，这总比裁员等其他措施来得好。

好的，让我们再回头来看看员工们的反应。员工们的呼声是开放、透明，而非企图粉饰太平。通过这个网络平台，负责政策制定和传达的执行官能够看到员工毫无保留地表达自己的意见与建议，而这在现实世界中几乎是不可能的。

拉瓦伊认为假期政策的调整只是一个小问题，这个案例真正要告诉我们的是员工们真正关心的是什么：

人们心中有很多疑问需要得到解释，“EMC/1”这个渠道使之得以实我们必须要让超过 40 000 人都清楚我们在做什么，为什么要这样做，以及他们在这个过程中需要扮演什么样的角色。这意味着，有时我们必须要说服他们接受困难的情况。比如，我们制定了让世界范围内公司所有员工暂时减薪 5% 的计划（图斯和他的领导团队也额外削减了自己的薪水）。我们向员工们解释为什么要这样做：因为只有这样，在其他同行竞争对手不得不大规模裁员时，我们却能让更多公司同仁保住饭碗。易安信公司在很多国家都设有分公司，当地法律都不允许这样缩减工资，员工只能自愿减薪。超过 85% 的在这些国家的分公司工作的同仁，都主动参加了减薪计划。我们向员工们解释过，一旦公司财政状况有所好转，我们就会恢复之前的工资水平。而我们也的确说到做到，在今年的 1 月 1 日，恢复了原有工资水平。我认为，员工们在减薪通知书上的签字率，反映了公司的决策得到了有效的传达。

拉瓦伊重申了她对网络讨论的观点，并阐述了个人意见：

4 月份的会议宣布了当年将会实行 5% 的减薪计划，并附带 5 天的额外带薪假期计划。很多人知道他们之前的讨论得到了公司的重视。对于一些人来说，减薪还是会造成不便，但我们却为自己感到骄傲和自豪，因为我们每个人都切身参与到了计划的制定中来……在我看来，“EMC/1”平台的转变是最可喜的，它从一个单纯的社交工具变成了商务工具。

对我个人而言，自从参与了有关成本缩减的讨论，我就对自己的责任以及公司的发展有了全新的认识。我只是一名在富兰克林分公司小隔间办公的普通员工，古尔登竟然给发了一封邮件，邮件写着“如果你对节约开支有自己的意见，请点击此处”。我觉得我虽然只是一名普通职员，但我的意见和建议却能对公司产生一定的影响。

实时反馈检验决策

古尔登在接受一次采访时强调，“EMC/1”对公司产生的影响，主要体现在沟通、企业文化以及员工的参与度上，而非单纯只是提出了有关缩减成本的建议。

我公布了十几条会议备忘录，而在公布第二条时，我就清楚地明白“EMC/1”将会成为员工和管理层沟通的重要渠道。我们是幸运的，每一次新政策的公布，员工们都会在“EMC/1”平台上进行热烈的讨论，相关领域的专家们也都会参与进来。最终我们通过集体的力量找出节约开支的有效方法。

我们总共从“EMC/1”平台上提取了员工们提出的200多条意见和建议。在成本转换项目小组内，我们什么大问题都讨论过，成员也来自8个不同的工作领域。但是很明显，“EMC/1”平台为我们做出的最重大的贡献是员工参与度和士气的提升。员工们觉得自己能够切身参与到决策过程中来,而不是无条件地接受会议备忘录的条款。我们试图在“EMC/1”平台上生动地展示节约开支的方法。我们缩减的间接支出越多，就越能减少裁员。

这次有关缩减成本的积极讨论产生的正面效应，不仅仅是“EMC/1”平台本身的完善，更多的是企业文化的转变，以及员工们对公司的认同感的加强。员工们深刻地体会到了领导团队为了减少公司裁员所付出的努力。“EMC/1”平台上的讨论和沟通使得领导者的良苦用心为员工所知晓，也给了普通员工话语权。

拉瓦伊十分赞同古尔登有关“EMC/1”平台对公司产生影响的观点：

建立 R&R 集团

5 月 13 日上午，莫顿发送了一个名为“R&R”的简短备忘录，他要求领导组正式集中力量，以帮助他完成必要的改变，“重新制定”效率低下的内部机制，并“删除”外部的障碍：

> 显然，作为一家公司，我们认识到有必要去适应不断变化的客户需求。同样应该清楚的是，即使认识到变革的必要性，各个部门仍然将资金与精力大量投入在它们过去和现在的遗产中，而它们并非总能完全实现。作为一个群体，我们应发挥我们各自的作用。事实上，我们必须发挥作用。
>
> 不过，各个部门中仍然存在旧日的思维，也有一些零星的抵抗，需要做出改变。情况正变得更复杂，我们的一些客户抗拒任何变化，而那些构成我们未来实际价值的客户则在要求我们要么做出改变，要么失去它……

该备忘录的各项都有主题列表，这将会成为小组开展工作的初始议程，其中包括改善经营、出售资产、提高员工效率、实现移动电话广告转型、配置资本、创新等内容。就传统意义上来说，人们可能会将其描绘为一个整体战略的反思和正式的规划过程的开端。不过，接下来的任务的风格和过程则截然不同，并由此展开了制定文化契合形式的组织决策。这不仅为重组奠定了基础，也是一种进行更广泛的业务判断的新方式。

正如莫顿和他的团队在 R&R 工作组中的合作一样，公司领导者一直在深思熟虑，以提出新的思路，消除解决方案的传统界限。从一开始，这一基调就是通过谈话的非正式途径奠定的。吉姆·伍德沃德（Jim Woodward）是那时的人力资源部主管，也是规划会议的成员之一。他回忆说：“莫顿使我们立即明白，我们将会作为同行一起开展工作。这是建立在共享环境下的问题解答，也是一场开放的对话。莫顿的回答很简单也很直接，没有涉及自我，没有任何晦涩难懂的政治问题，也不用进行咨询。这种基调盛行于各种工作中。”乔治·马奥尼回应说：“这是一种非正式的、合作的和包容的基调。无需提前准备报告，也不允许这么做。”娄·安妮·纳卜汗（Lou Anne Nabhan）是美国媒介综合集团通信部门的副总裁，也是R&R 工作组的成员，她进一步做出了如下说明：“你必须理解，我们共享同一个背景和南方文化价值观：礼节、礼貌和尊重。这是这些会议的秘密武器。”

然而，不拘小节、文明礼貌的对话并不意味着缺乏纪律、不利于解决问题或是不具备前进的动力。工作组能感受到一种紧迫感。随着会议的推进，工作组成员日益重视调查，并合作建立了自己的程序纪律模式。原始 R&R 备忘录中的主题列表早期就被淘汰了，随着集体学习的开展，工作组设计了一个简要的章程，以进一步巩固他们的工作重点。提议对现状做出的修改和完善必须能够解决以下任何一个主题，否则就会被否决：**提高销售速度、改善产品开发、贴近客户、整合“网络第一”的经营、提高整个公司的效率和改善信息流**。随着思想的推进，工作组会采取措施来构建他们的进展过程：记录决策、突出分歧点或规定进行更多的调查，并为下次会议的召开建立一个工作议程。从深层意义上来讲，这次讨论达成了一个临时决定，并反复规划了寻求解决方案的过程。

莫顿为人处事低调，而且谦逊，完全符合会议的基调。他创造了一种企业文化，在这种文化的引导下，同行可以针对不同的思想做出讨论，并最终得出答案。这是一场循序渐进的会话，表现这一关键问题的主旨会变得越来越明确。相反，领导者则只能“基于他的想法收到反馈”，或者还有许多领导小组热衷于形式主义的战略规划。

为良好的判断做出规划

正如许多看似轻松的活动，R&R 工作组的工作内容其实要求具备更多的自觉性。规划的第一个方面是工作组的成员。虽然 CEO 会直接收集报告，以巩固绩效规划，但这种方法看上去完全不具有革命性，莫顿在组建 R&R 工作组之前，曾对团队的各个成员进行了审慎的考量，以在文化的相容性和思想的多样性中寻求一个良好的平衡点："这些人虽然有着不同的背景，但他们的实际行动是一致的——铸就美国媒介综合集团的成功。他们都是优秀的思想家，有着不同的技能，并能取长补短，比如有些人擅长金融，有些人擅长运营，他们中的大多数都曾在公司从事不同类型的工作。他们诚实守信，都是具备高度道德观的专业人士，对于营造办公室的氛围来说，这一点非常关键。"莫顿之前并未和他们有过正式的合作，将大家团结起来其实是他自己最先提出来的，其特别的意图是："我意识到，我们需要更多的团队活力来解决我们不得不解决的问题。我想避免线性决策带来的危险。我知道我不可能靠自己的力量凭空想出所有的办法。我需要他人的帮助。"

这个规划的第二个方面是将信任和个人动机融入这一过程中。正如莫顿所说的，"在我所说过的最重要的事情中，其中有一件是这样的：不管结局如何，你们所有人都将在这里就职，虽然可能会和你们现在从事的工作有所不同，但仍然是为美国媒介综合集团工作的"。"重组最终给我们带来了许多变化，我们细心地对管理人员进行了重新部署，而不是解雇他们。这标志着我们的进化和对变化的包容"。从一开始，CEO 就设定了建设性的辩论和思考这一基调："在他们履行责任的每一个步骤中，我都会鼓励他们，并在讨论问题的过程中提出异议，并进行讨论。当然他们都这么做了。"能够提出这样一种做法，莫顿感到很欣慰，他的父亲是美国弗吉尼亚大学商学院的学者，他曾说过："从小时候起，辩论和分析与我的关系就如同鱼和水的关系。每天吃晚餐时，我们都会进行讨论，就像案例研究辩论一样。"

莫顿通过巧妙地利用团队的特定兴趣和爱好进一步激发了大家的工作热情。正如副总裁兼总法律顾问马奥尼回忆所说的："每当我们在谈话过程中出现新问题时，每个人都会有机会从事并研究我们感兴趣的特定领域。基于我们每个人所感兴趣的领域，我们分享各自解决问题的方法。在这期间，一想到我们好像是在重塑一家公司，就会感到很兴奋。"

这个规划的第三个方面是合理配置知识和经验。这一过程刚开始时，工作组就被分成了两个子团队，以研究特定的问题，例如创新、效率、人员配备等。子团队是通过审慎的人员配备进行分组的，将有直接实用专长的领导者与缺乏经验的领导者分在一个团队中。"这种做法潜藏着巨大的价值，"莫顿指出，"为所谓的'知情的无知'做出了巨大的贡献。"在1999年开展的大型Y2K项目中，该公司在新技术的广泛学习和实施过程中，这种方法使其获益颇丰，工作组也改进了R&R许多相同的解决问题的原则和方法。

事实上，R&R工作组会议其实就是金字塔式的组织输入中最顶层的一个步骤，通过几年的学习，他们的业务和客户都聚集在这一金字塔顶部。美国媒介综合集团成员有着不同的职业生涯，在该公司担任着不同的组织角色，这一点确保了我们能对不同的业务做出更丰富的分析。第二个子团队是由公司的其他领导者和专家组成的，这样我们就能够就每一个调查中的战略问题获取相关经验。关于信息收集的工作，我们会提前通知各部门的领导的，并公开邀请他们支持我们的工作。

R&R工作组还得益于不同背景的学习过程。在过去的几年中，该公司一直是基于其精挑细选的高潜力领导者发展方案而运营的，这一发展方案成为另一个输入源。该方案的研讨会和角色扮演学习活动曾多次揭露了各部门工作的紧张局势；该方案的参与者也可以自由提出建议，将本公司转型为以市场为基础的模式。该公司的前任互联网服务部门领导者，现任跨市场数字伙伴关系和新产品开发部门

不会像你们团队那样分歧不断。”

决策好比建新房

探究文化并不是按照精心设计的蓝图建立起来的，而是经过不断探索后分析得出的结果。实际上，当时做过大量尝试，出现过许多错误，完全依靠的是“边做边学”。基金会外部运作方式的变革遵循的是先尝试、再学习，然后再改进的路线。通过与华莱士基金会合作的各个州和地区投资人的持续接触，该基金会及时了解研究项目的新发现和广大教育市场的焦点所在。在战略转变与文化革新同时取得进展的情况下，德维塔继续对团队的角色定位和职责进行调整，在此过程中，她经常需要排除一些障碍，以全新方式建立起组织模式。一段时间之后，团队基于市场端的实际进展，集中力量制定出了综合程序、评估和公关的各个因素的战略。预算款项则根据战略需要划定，与从领域中获取的信息保持一致，存在异议的地方由相关部门自行决定，大家一致认可的方法才能得以推行。

新途径也包括和公共实体（政策制定者和其他机构）合作，他们既是华莱士基金会项目的合作伙伴，也给团队带来了挑战。在这种模式下，公关团队被寄予厚望，他们要吸引住关键决策者并传播知识，目的不是为了体现“公共关系的价值”，而是为了拓宽理解和共同学习的界限。相似地，评估人员不再仅仅是评估程序，也要兼顾收集这一领域中投资人和非投资人的有效经验。他们的新使命是不断发现知识漏洞，设置评价平台以供涉足这个领域的大众提出意见和挑战。为了与面向外部的学习密集型探究文化保持相同的步调，基金会也在其网站上运行了定期更新的知识中心，以发布新动向，另外还有电子邮件和 Twitter、Facebook 的链接，目的是让读者和基金会工作的跟随者能进行更为广泛的了解和讨论。随着这些年来探究文化的建立，最终，聚焦公立学校校长领导力的总体战略也由此产生。实际上，回顾过去，我们着重描绘 2005 年那个夏日午后的会议，以及一位勇敢的高管在当时极为重要的图标上画下红圈的情节是不相称的，也是不公平的。没错，那确实是深入探究、决定战略的关键时刻，也是一个组织通过内部探索拓展团队职能的典型案例，还象征着进程艰难的文化革新，这并不是可以寄望于某位专家单方面的决策可以解决的，无论其经验如何丰富。但是，若想忠实地复述这个故事，丰富的背景知识不可或缺，而且要深刻理解它会长期面临的一系列抉择，以及在此影响下逐步得到改善的组织学习方式。

决策好比建新房，是通过一砖一瓦逐渐建起来的。

领导者的回顾

2011 年，德维塔宣布退休。回顾自己领导方式的变革，她对其意义做了评价：

> 对我们和这个领域而言，这都是一个漫长的过程……而且仍然有许多未竟之事。但现在与以往不同，私立学校的领导力已被严格纳入公共议程，我们对校长的重要性也已有了正确的评价。过去，他们只是负责预算、校园建设和公车之类的事务……但是现在，在聚焦公立学校领导力和更为全面的评价体系的同时，我们也需要将自身领导机制视为一项制度进行改革。最终，我和团队也必须通过一定途径实现自身的改革。

建立精诚合作的环境

这个案例包含了在本书其他章节中可见的因素：建立新型“尊重事实”的文化；推行商议过程，鼓励大家提出各种意见和开展富有建设性的讨论；还有领导职能的转变，不再是权力的行使，而是为知识的调整和改善创造有利的环境和激励机制。至于知识的来源，则是没有限制的。

另外，组织架构的贡献也值得一提，因为它是本故事中的关键因素，在其他章节中尚未被详述过。它也是这位领导者建立起来的总体环境的一部分，其目的在于强化机构的集体决策机制。研究人员和从业人员越来越重视寻找一种中庸之道，一方面要遵守组织原则，保证深层次的专业知识与职能团队对口；另一方面，实现价值的横向整合过程，注重产品、服务和项目成果的创造。在经济增长越来越快、形势日趋复杂的新环境中，各种跨越筒仓式部门间的合作层出不穷也就不足为奇了。

当然，本来就没有易找的答案，最好的方法就是保持灵活多变，建立精诚合作的环境，并倡导这种价值观念。朝着这个方向，华莱士基金会发生的变革经历了一些重要环节——实现同级（程序、公关以及评估）

解决机制，提升多功能合作的形象和职权；改变一些关键角色和职责；然后建立新型商议程序，“唇舌大战”。这些会议并不认同建设性冲突的价值观，却催生出了大家对整合意见和信息、开展跨职能探讨的期望。在组织决策机制蓬勃发展的同时，专业人员既能建立相应职能的专业知识结构，继续深入学习，还可以借助有效机制，和其他有相同绩效期望的人一起练习。通过培养这种精诚合作的思想和工作方式，领导力就可以进一步提升组织集体决策的水平。

研究包装方法，还到小型美容院和电视医生那里推销他的产品。在这间仅 0.4 平方千米的作坊里，他还开设了邮件订购业务。他没日没夜地努力工作，只为顺利起步。某一天他刚要踏进美容院时，美容院老板和她的同事开玩笑说：“镊子男（即迪茜曼，Tweezerman 意译）来了！”出人意料的是，拉马尼亚认为“镊子男”这个名字比“拉马尼亚崛起”更胜一筹，而且也不落俗套，可以成为一个新颖的独特品牌称号。结果因为顾客的一句玩笑，公司的名字诞生了。

20 世纪 80 年代初期迪茜曼开始稳步发展，拉马尼亚正朝着新的事业方向前进，这份事业不仅限于支付他的生活费这么简单。第一年他赚取了 1 800 美元，5 年以后，他一年的订单就达到 100 万美金。但他基本是靠拼命工作才换回这个成绩的。

在迪茜曼成立的头几年，拉马尼亚开始反思过去。他回顾了自己早年创立的企业，和别人一起探讨失败的和侥幸成功的经历。尽管他主要扮演着独立企业家的角色，但在早年的工作或创业中，他也监督过职员，了解好职员或坏职员对公司的影响。据他回忆：“回头去看，我差不多是顿悟的。我突然意识到自己的时间很宝贵，如果我事事亲力亲为，就不能发挥特长，那么自始至终我都会仅仅是个推动者，出卖着各种各样疯狂的点子。这就提醒我要创立一家公司，开始雇用更多的人，而且我要擅长挑选那些我能信任和委以重任的人。有了这批助手以后，自然而然授权就成了我新的活动准则。”丽莎·鲍恩（Lisa Bowen）曾任迪茜曼的首席执行官，依稀记得她老板早年的情形：“起初他是个小头头，事事亲力亲为，但随着公司员工越来越多，他变了。他意识到信任的力量，也这样实践着。那种信任是无价的。”

从强权资本主义到具有社会责任感的资本主义

拉马尼亚对人才和组织力量的意识觉醒，与许多其他成功的企业家经历的蜕变有所不同，从独立的推动者到企业创始者，他的道路有自身的曲折过程。作为20世纪70年代的一名学生，他在早年的职业生涯中形成了一些社会意识，从那段记忆深刻的早年经历中他学到了公平对待每个员工和同事的价值。正如渴望金钱上的成功一样，他也希望建立一个“人人平等，以他的方式公平对待每一位员工”的公司。他的理论不仅源于个人的正义感和实用主义精神，更是20世纪80年代其国家在商业和市场加速发展的一种反应。早在他采用“负有责任感的资本主义”这个措辞以前，他就早早地以个人原因将迪茜曼推向挑战，这一挑战后来带来了极大的利润和股东利益。“我不关心我是否错过了赚大钱的机会。我只关注手下这群才华出众的员工。我的两个姐姐塞瑞和泰瑞也加入了公司。伊伦·莱斯利带着她的三个孩子从西弗吉尼亚来到这里。我们是一个大家庭。我要证明经济学家米尔顿·弗里德曼（Milton Friedman）是错的，除非是考虑所有股东利益的公司，那些仅仅为了个别股东利益的公司是不应该存在的。”

迪茜曼的第一批员工是从长岛那个小小的海滩社区附近招募来的（靠近华盛顿港），也就是拉马尼亚起初的小平房办公室的所在地。鲍恩，第一次进入迪茜曼是在18岁，作为同住在小平房的拉马尼亚家的朋友来公司进行暑假实习。公司创立前几年，他引入了很多社区文化来发展企业文化。公司也制定规划，被他戏称为“贵格会教徒会议”。公司的成员很快决定把第一次获得的部分利润捐给当地的慈善机构。

拉马尼亚从一开始就愿意和员工分享利润，利用各种机会鼓舞并启发员工。他了解到并迅速信奉了“开放式管理”的概念，同时还辅以他对杰克·斯塔克《伟大的商业游戏》（*the Great Game of Bussiness*）的满腔热情的阅读。拉马尼亚将其最基本的职场民主原则进行实践：和员工共享财务数据，鼓励他们发挥领导作用，积极采取措施追求更好的绩效，与所有人共享成功。这个原则最终演变成迪茜曼员工内部共享利润和指导委员会成员限制股权的更正式的原则。指导委员会起初只是一个个别骨干管理者参与的非正式会议，最终演变成了一个更正式的主体，定期和首席执行官接触，积极为公司各个问题献计献策，包括公司政策、个人问题基础设施等。“我们做出的决定，”拉马尼亚自豪地回忆说，“不关乎一致通过率，而取决于大部分人的想法。我的想法就经常得不到实行。”

在指导委员会里，更广泛地来说也是在整个公司，拉马尼亚致力于营造一个公开讨论、解决问题、有权犯错、有权提出异议的氛围。弗兰克·萨特（Frank Suttell）回忆说：“和拉马尼亚一起的时候，话题的基调总是‘不要指责个人，寻找解决问题的办法就好’。所以说你可以犯错，没有金钱惩罚，没人需要粉饰报告。”鲍恩回忆说：“拉马尼亚从不发脾气，我们都信任他，他真正做到了广开言路。我们不断培训员工帮助他们理解我们的业务数字和商业进展。每个人因为这种责任感以及在与他人的合作过程中相互学习而不断成长。”公司将这种工作方式写入了《迪茜曼员工手册》，里面简单罗列了几条原则，诸如“公司归所有员工所有”“公平录用”“公开交流”“鼓励个人成长”“充分挖掘员工潜能”等。迪茜曼和其他同样在会议室挂着这些理念的公司的不同之处在于，拉马尼亚非常信奉这些原则。在行动上，在个人的领导艺术中，他都在不断巩固这种文化。

通向沃尔格林的崎岖之路

拉马尼亚为公司建立起来的企业文化和合作原则让公司能充分应对挑战。但是，成功之路总是崎岖的。1989 年，迪茜曼在质量和服务方面的身价日增，出现了第一次突破。公司开启了一段与萨利美的合作关系，业务量达到了有史以来的最高值。萨利美是得克萨斯州的一个极具美容产品营销能力的经销商，专门提供美容行业的专业人员。当这份与萨利美的经销合同接近尾声时，公司还是沉浸在难以置信的冲击中，公司的营销网络增加了 800 个直营店，第一年营业收入增加 10%，现在这些大部分直营店都已经掉到公司的盈亏底线。同时这个生意也让拉马尼亚重振旗鼓，他考虑着公司是否能保持持续增长，直到 600 万美元。他不断和指导委员会讨论大范围铺设零售网店，比如进驻艾克德（Eckerd）、席维斯、沃尔格林等所能带来的优厚利润。但是，迪茜曼团队犹豫了。拉马尼亚一针见血地阐述了这个问题：“迪茜曼进驻连锁药店最大的问题在于，如果专业美容产品会在连锁药店里出售，萨利美就不会是专业美容产品的销售者了。仅此而已。”

不过，拉马尼亚太足智多谋了，他从自己的团队和建立了亲密合作关系的萨利美董事长迈克尔·伦朱祖里（Michael Renzulli）那里获得了灵感，为他自己和最大的合作商萨利美想了一个折中的办法，那就是给入驻零售药店的产品以另外的包装，取一个不同的名字，就像“绝妙的触碰”（Finer Touch）。伦朱祖里点头赞同了，不久迪茜曼团队就和达拉斯一个叫作药物商场（Drug Emporium）的零售商建立了合作关系，但当新客户开始显著贬低迪茜曼的产品时，这场合作随机演变成了一场灾难。为了保护与萨利美的合作，拉马尼亚派出迪茜曼的销售代表到药物商场买空了所有迪茜曼的产品。后来因为药物商场迟迟不肯结账，拉马尼亚就找了这个借口终止了合作。接下来在更大的连锁零售店日特爱德（Rite-Aid）出售“绝妙的触碰”这一产品，取得了良好的开端，但好景不长，随后顾客坚持要求更多的折扣，而迪茜曼团队拒绝了。“当我们对顾客说不行的时候，”拉马尼亚回忆道，“我们拿回了 10 个托盘的滞销产品。”

接下来是另一个连锁零售商艾克德。“再一次印证了成功的路途很艰难，”拉马尼亚说道，“没有金刚钻，就别揽瓷器活。”迪茜曼刚要庆祝做成了这笔生意时，艾克德就要求在 30 天内交货了。迪茜曼没有这个库存，而它又需要 3 个月时间来供应订货。因此，艾克德取消了这笔生意。

不过，迪茜曼团队耳濡目染着“不要抱怨，去解决问题”的企业文化，愈挫愈勇，他们进行了新一轮更大的销售活动。经过前几次的碰壁，这家年轻公司的指导委员会懂得了当他们制定下一步行动计划时，要考虑代价和风险。在一系列深入的工业背景调查以及营销人员、顾客、合作伙伴的人脉拓展之后，拉马尼亚和他的团队将目标对准了沃尔格林，因为沃尔格林在折扣预期方面的口碑很好，和供应商之间的财务关系也更灵活。

价值理念和直面机遇

指导委员会遵循 CEO 设定的意见互换原则定期开会。有时，成员们也在拉马尼亚的办公室开会，其他时候还是在迪茜曼的会议室，还有一些时候，他们就在走廊里或者商店里谈话，这些都算不上是正式的会议，仅仅是几个人在约好的时间非正式地交换意见。尽管会议非常随意，每次的讨论却总是包含了特定的价值观和共同的原则，即承诺卓越的产品，承诺优质的客户服务，寻找开拓市场的途径。只要这种观念被信守，讨论才能顺利展开。在这场特殊的探索中，谈话有一个清楚的目的，那就是迪茜曼如何才能做好与沃尔格林谈判的准备，并履行合同承诺。根据他们以往的经验和对工业来龙去脉的了解，将产品卖给沃尔格林仍然会有极大的风险：额外库存带来资金风险，重大生产需求带来的不确定性，客户人群的流失，以及接踵而至的竞争者和新发明，都可以让迪茜曼的经销权瞬间贬值。

指导委员会并没有轻视这些风险。成员们努力工作，充分吸取各自的经验教训，重视每个人提出的意见。所有人都知道必须多方协调，多方行动，才能完成拉马尼亚想促成的一桩生意。每个委员会成员都积极探索，努力挖掘个人管辖范围内的潜在订单。“我们一次又一次地讨论，直到找到答案。”鲍恩回忆道。每个成员都极力发挥各自作用，探讨如何才能让公司向前发展。萨特作为首席财务官，会分析库存管理中的财务风险和融资借贷，担心这些因素会大幅提升单位产品成本。鲍恩作为董事长，制定了扩大生产力的计划。生产部管理者泰瑞·希阿诺仔细研究了不同品牌的包装和图表来了解顾客需求，同时又维持和萨利美的合作关系。

劳拉·克斯汀，负责IT方面事宜，研究迪茜曼系统如何才能和沃尔格林的电子数据输入过程和条形码整合在一起。塞里·拉马尼亚和卖主谈判，铺平道路，迪茜曼需要根据这些进行生产制造。营销部副管理者洛里·斯科若思奇，总是在维持着和萨利美的重要关系。

这些会议就是指导委员会成员为达成决议不断尝试的小步，一系列的探索、讨论和办法都围绕这些核心问题：我们应该怎么做？我们准备好了吗？管理者每次和售货商、顾客利益相关者以及萨利美签订合同时都要小心对待。通过一次次开会，信息得到公开，困难和风险得以确认，解决的办法得到讨论和建议。会议绝不总是众口一词，或者有谁刻意附和拉马尼亚的意见。拉马尼亚讲了两个小例子，他回忆说："一路走来，洛里在与萨利美合作这件事上就极力反对，还有一些关于包装和品牌的不断反复的决定。"

在培养个人领导力的阶段，拉马尼亚非常享受从自身的优缺点中获益。同样地，他也欣赏团队优势互补和权力下放的长处："我意识到这些每日与共并让决定得以实现的支持者的支持和才华是多么的重要。"

成功解决问题的核心不仅在于公开讨论制造的信任感和对错误的宽容态度，更在于指导委员会所有成员共同的使命感。因为产品能否成功在沃尔格林出售还要看这个决定如何被执行，几个领导者必须互相信任对方的专长和对方的承诺。所有人意识到在执行力为零的情况下决策是无法被实现的，他们必须通过相互帮助来获得前进的力量，进而履行前进的承诺。判断的标准不单纯是成本效益分析的结果，而且还是每个领导者谨慎有效地开发创造力的能力。全国大型连锁商店很容易让未能履行合同承诺的小商贩破产。迪茜曼团队为了获得成功，必须了解风险的每一个因素和针对合同的每一步必要的举措，而且他们要从根本上相信每一步都是对的，来确保这一切可以一气呵成。

沃尔格林及更广阔的世界

经过长达数月的争论和计划，在花费很多时间掌握如何应对品牌、包装、生产、库存问题，以及考虑了每一次想法伴随的试探和错误与克服众多大大小小的困难之后，指导委员会终于觉得做决定的时机到了。拉马尼亚回忆道："我们最终决定放弃'绝妙的触碰'，为沃尔格林和其他连锁零售商打造'迪茜曼限量'（Tweezerman Limited）这一品牌；为确保万无一失，我们将在萨利美出售的美容产品更名为迪茜曼专业美容产品（Tweezerman Professional）。萨利美的伦朱祖里同意了这一做法，前提是只要保证两条线的产品包装是有区别的就可以了。"

首席财务总监弗兰克·萨特记得最终下决定的场景，和平常一样，所有人都坐在拉马尼亚装修简单的办公室里。他们围绕圆桌坐在旧椅子上，表面上房间里的氛围是轻松愉快的，但暗地里却流淌着一股对眼前问题的些许紧张感。他们耐心地看着首席执行官拉马尼亚会议间隙在电脑上的忙碌情境，每个人都知道他在仔细倾听，因为他们的调查报告或准备的资料都确实被仔细看过了。当他们轮流发言时，每个人都意识到万事俱备。当迪茜曼可以履行对沃尔格林的合同时，整个房间立即变得安静了。

萨特突然打破了沉默："现在一切准备都就绪了，但订单在哪里？"同事们不禁大笑，他们的首席财务官幽默地提出了这个问题，但他们都明白这个问题很重要。这时，拉马尼亚好像圆桌上多出的一个人，也笑了起来。他挥手示意绿灯亮起，公司准备好进行下一步战略了。

一个时代就要降临，在萨特幽默的直爽中。1998 年，迪茜曼这家蓬勃发展但规模相对较小的具有创业风险的公司，将要完成这桩发展初期的最大交易，其产品线突破了专门经营美容产品商店的限制，进驻了更大的零售连锁药店。几个星期内，迪茜曼的产品便源源不断地送往了沃尔格林的货架上，这项举动让迪茜曼的营销网点增加了 3 倍，收入基础增加了数百万美元，相关零售渠道实现了两位数的扩张，后 5 年的年销售额实现了翻倍。拉马尼亚回忆道："这是一个很重大的成功的决定，但也存在许多风险。不过，我们最终胜出了，永远地改变了我们在业内的命运。"

得益于和沃尔格林的合作，到 2000 年时，迪茜曼达到了发展的顶峰。它从不踟蹰不前，不断向其他连锁零售商扩张，销量增加了数百万美元。2004 年，迪茜曼被德国双立人收购，成为一个世界范围内的主导品牌，拥有数千客户资源，在品质和创新方面有着无与伦比的口碑。指导委员会的每一个成员和大多数公司的职员都积累了可观的个人财富。拉马尼亚则继续投身其他商业公司，也积极从事一些慈善和政治活动。

所有人都可以做自己

尽管这个故事里有很多因素促成了与沃尔格林的成功合作，但拉马尼亚在迪茜曼建立的合作文化和鼓励人们找出解决问题的办法而不是责怪别人的价值观，以及培养的共同责任感是至关重要的。如果我们把组织判断当作一种基本的能力，一种可以增加抓住机会的概率而减小风险的能力，那么迪茜曼的例子便充分证明了为练就这种能力，统一战线的领导者之间相互信任和相互依赖的关系是十分重要的。创始人不仅要在公司内培养这种信任感和使命感，还要鼓励分享他和他的团队齐头并进的这些年里的经验，这些经验经常会被总结为一种“知难而进”的智慧。

近年来，迪茜曼的故事引发了许多管理研究者的不同反应。指导委员会的作用以及拉马尼亚和员工的工作关系，再度论证了这么多研究领导团队和其他有效发挥功能的团队研究者想传达给我们的信息：**那些朝着共同的目标努力，在一起取长补短地工作的人们，当辅以共同的使命感、信任感和相互理解时，便会产生一种不同凡响的力量。**当领导者及他们建立的行为传达出“失败没有关系”以及对维持过程的公平性保有敬重之心的信息时，也就是每个人都会被倾听时，任何决定都是以公平和无私的方式做出的，这时团队的表现和解决问题的能力将达到最佳状态。近几年，越来越多的研究指出策略和执行是两个不可分割的关联体，执行之前还要考虑决定是否做这件事。迪茜曼的决策不光考虑做什么和要不要做的问题，更看重如何做的问题。指导委员会在寻找与沃尔格林合作的增长点进行决策时，他们无须考虑要不要做，而统统归纳成如何做的问题。

正如我们在前几章所见，很多公司的决策都可以追溯到它的企业文化和创始人创造的优良的决策环境。在采访迪茜曼团队的成员时，我们明显注意到他们不断谈论着自己的文化，他们也深刻认识到这对他们最终的成功有多重要。这种文化和环境的特殊本质也许可以用首席财务官萨特的话来概括：

> 我们融入了一种所有人都可以做自己的文化中。没有人装模作样，没有恶性竞争或者相互贬低，我们互相依赖。人们有言论自由和行动自由，不用担心被解雇。我们都意识到这就是人们如何做到最好的方法。这种模式的确帮助我们做了很多正确的决定。

集体决策，组织进化之源

通过描述这个故事，我们意在提出被人们低估的一种决策方式——组织决策。正如我们在开篇就提到的，我们受传统决策方式的引导，也就是由睿智的运筹帷幄者首席执行官一人敲定所有的决定，这种方式正被一种多人参与的和数据密集型的方式取代，这种概念和能力是现在的领导者能够从中受益的。基于当今的组织机构都处于一种千变万化的环境中，我们相信将来更多的决策会按照这种方式进行，而且现在已经在以这种方式进行了。当今的经济全球化和商业快节奏更青睐正确的决策，不良的决策要承担相应的后果；决策者也应该越来越重视对复杂因素的考量。

复杂和机遇共同增长

复杂性不仅关乎问题的多样性，也关乎层出不穷的机遇。相比以前，越来越多与决策潜在相关的数据更容易被获取，新的科技和分析能力（包括挖掘群众智慧和合作解决问题的机制）被用于对数据进行组织、整合和排序。不过，伴随着更多更优质的数据的武装，决策者在他们必须做的决策和做该决策的理由上，也面临着更多更细分的选择。

复杂性还意味着持续更新的知识。除了专业人士头脑里和手里的信息、知识因其作为商业和企业价值的创造来源而受到重视，还有其他东西越来越受重视。组织机构如何才能整合这些东西以做出一个更好的决策呢？同样经历革新的还有组织结构变得“谄媚”（用时下流行语来说），意思就是，从各方面来说，领导者在管理控制的手段上更加多样化，价值和结构分层变得模糊，公司内部广泛执行的决策具有越来越高的权威性。这种近几年才有记录的转变，让商业更贴近客户，也提高了生产力、解决问题的能力和创新的速度。但这里需要强调的是，在此番讨论中，我们需要考虑复杂性的另外一面：什么时候用于良好决策的数据和权威性会被分散弱化？组织机构如何以一种理性和实际的方式运用这些数据？

从传统的一人决策制向合作式的群体决策制的转变带来了明显的挑战，合作式的群体决策制可能更复杂，决策速度和灵敏度会降低，更严重的可能会造成一种“没人牵头”的局面。不过，更多的合作式和数据密集型的方法能让决策变得更好，它避免了单人决策可能会掉入的陷阱。历年来，因为行为学家和精神专家的研究，这份陷阱的单子列得越来越长。我们对个体为什么会做出错误决策也有了更多的认识。专家们对有助于减少个人决策偏见和危险冒进行为的方法也进行了研究，此类方法包括，利用圈外顾问或鼓励内部团队对多个方案进行辩论等。但对于我们来说问题不是如何实践以及如何在整个组织机构进行实践这么简单。实际问题在于，当机构在用一种群众参与的方法发展最优决策能力时，个体是否发挥了作用？这种群体合作制如何在每天的工作中发挥作用？我们能从这种组织机构形成决策能力的案例中学到什么？接下来的篇幅我们就来回答这些问题。

学习成功的经验

和其他有关决策的书籍不同，我们不会讨论失败的决策会导致怎样的严重后果。我们避开了反面例子，挑选了那些能辨析组织机构成功应对困境和挑战的例子，试着去理解是什么让领导者和他的团队做出了正确的决定。在每一个案例中，我们尝试总结那些系统化的情况、过程、价值和思维设定，这些因素促成了企业获取价值的能力，有效降低风险，这是一种持久的、不光是需要做决策的时候才培养的能力。通篇下来，我们都采用了“能力”这个词，因为我们认为组织判断不是倚靠运气或是一种非正式的决定。恰恰相反，它反射出一种不间断的力量，让企业在充满竞争的世界里运转，一个坏的决策会招致破坏，好的决策会带来更多机会。我们的目的就是在案例中分析和理解这种能力的本质，并将这些观点带入读者的视线。

越过简单的准则或框架

我们避免用那些简单的万金油式的准则或框架来定义或描述能力。通常人们做决策时所能听到的建议无非是同一类型的说辞：运用直觉、知识管理、分析或者群众智慧。我们经常听到，运用以上任意一种方法，个人或组织就足以获得更好的决策了。我们不相信这种典型的商业书籍的陷阱是有原因的：一是我们相信还有很多方式可以做出更好的决策，不过，大多数组织机构运用这些方法时应该视时间和情况不同而定；二是不能对新兴的能力模式进行简单的概括，还有很多东西需要从中发现，而不仅是一张必做事项的清单这么简单，这个清单可能还是不完整的；三是在案例中，我们发现有许多因情况而异的运用和实践，因此也不敢去掉消化学习的过程，随便从一个看似运营成功的具体的组织机构和市场情形中照搬照抄。相反,我们选择了那些进行组合之后可以形成新的想法或实践的案例。在恰当的环境中对其加以理解，可以帮助其他试图发展决策能力的企业在不用遵循条条框框指示的情况下获得发展。

我们在引言里也提到了，综观所有的案例，我们确实能揭示一些粗略的主题，对此在整本书中我们也做了强调。好的组织决策会利用全员参与解决问题的过程对决定进行重组。这种组织决策通常需要利用或者极大地利用现有的大量数据、先进的科技和分析工具才能实现。它带有而且通常是自身带有强大的组织机构的文化和价值观特色，例如主动参与、深思熟虑、想法多样化、建设性的挑战或辩论等。这就是我们要提出的第四条，好的组织机构决策通常是领导者作为一个优良环境和结构的无私缔造者创造的，让组织机构合作性地找到解决方案，而不是扮演伟大的决策者的角色。这种环境和机构的缔造通过机构形式的变化和领导者自身的转变实现。

历史上和现今的生活都有一些共同的极其重要的决定。我们搜集的例子可能有一两个例外，不一定和文明进程中的一些重大转折点有关联。尽管如此，对那些身在其中的人来说，这些决策很重要，有他们自己需要控制的风险和不确定性。我们相信建立一个组织机构决策大系统，不应仅局限于运用在重大历史时刻，还应运用到日常生活中。那么，在组织机构中建立决策系统需要完成哪些事情呢？

领导者的决策

我们不会给出一个清单，这里提供的是我们基于案例的观察结果，可以提供一些指导。

识别需求和机遇

每个案例或多或少都表明了机构的领导者认识到他们需要突破限制并充分利用群体的想法、概念和智慧。从某种程度上来说，他们愿意承受放开部分权力的风险，来换取源自参与和切实合作的更深层次的资源以及学习别人的长处获得最优化的决策。他们这么做也是因为相信这样的方式能带来更好的结果，以后能为他们奋斗的目标增加成功的概率。不管是华莱士基金会主席克里斯廷·戴维塔、夏洛特 - 梅克伦堡学区的彼特·戈尔曼、媒介综合集团的首席执行官，还是NASA的工程师，每个领导者都要面临挑战，不受限于自身的能力和兴趣，根据挑战做出行动，提高他们的决策优化能力。

做个有心人，对能力长期投资

没有一个案例表明决策能力是偶然获得的。维持组织机构正常运转的能力依赖于长期投资，不能指望运气或这里那里的修修补补。古代雅典和麦肯锡咨询公司建立了制定决策的良好流程和价值观，也反应了机构的决策能力是要长期积累的。其他的案例如高知特公司 、夏洛特 - 梅克伦堡学区和美国联盟医疗体系也表明了领导者和组织机构都需要未雨绸缪，主动去建立这种决策能力。

在文化和市场的框架下考虑架构元素

不管是运用分析软件、公司内部开通沟通平台、对员工采取民主的方式、让员工参与管理、采用一个新的解决问题的流程或改变领导团队参与的方式，还是利用不同的组织机构设计，我们的案例都表明了企业要通过组合不同的基础设施和流程，将其整合成一个新的系统来找到解决问题的办法。这不一定需要特别的知识，最终他们都会建立起一个包罗更多的合作智慧和理解的机制。“构架”这个词可能会有些华丽，但我们还是想用它来表示人们在一起进行决策时让人们获得更优决策的不同侧面。

构架在不同的组织机构之间会有所不同，是由一系列变量决定的。可能包括了企业的文化传统、机构所在的具体市场情况，还有关于决策能力的发展和精细化的平台。这个环境主导着哪些因素需要被搜集以及怎样搜集。虽然搜集没有一劳永逸的途径，但从这些案例中或多或少还是能总结出一些方法。

为改变做好准备

前面可能也暗示了在指明的方向上采取措施会改变现状。权力重新分配，价值重新解读，不习惯于发表意见和习惯倾听的人们突然成为主角。包含更多新信息的技术开始涌入，旧的偏见明朗化，之前报道的紧张关系被强制的知识信息共享消除。建立新的组织决策是一种质的变化，绝非仅仅在旧事务基础上简单地加上新的实践。而且正如前文提到的，这种变化不仅是机构的变化，也是领导者自身的一种转变。

和健康一样，组织决策也需要锻炼和维持

斯科特·凯勒（Scott Keller）和科林·布里斯（Colin Price）在其新著《健康的表现》（*Performance and Health*）中，将组织机构用以实现当今策略的流程和实践进行了区分，这种实践能够更深层次、更精细地实现战略目标；其执行和更新的速度高于竞争对手，因此也被称为健康的表现。这是个很有用的框架，它提醒我们就像人体一样，组织机构不仅要在当下运转良好，更要有保持和更新未来正常运转的能力。

我们可以说组织机构的判断力是组织机构的另一种健康表现，作为一种能力，它提供了未来决策优化的潜力。还有什么能力比这个更重要的呢？正如任何其他能力和健康本身一样（组织机构的抑或人类的），判断力也需要锻炼和维持。建立了判断力的组织机构通过在实践中不断学习如何提高以及如何在未来保持这种能力来进行锻炼。在我们研究的每个案例中，我们都看到企业是在一个更高的视野上，突破了仅考虑当前挑战的局限，建立了持久的、反复运用的优化决策的能力。

中西方文明在解决问题方面都有着源远流长的智慧。不管是所罗门、孔子，或是荷马诗歌中消瘦的内斯特，我们以他们为榜样，崇拜他们是因为他们公平做出了判断，深刻理解事物过去的本质和将来的模样。当今这种英雄崇拜在组织机构的世界里依然存在，万能的首席执行官独立做出重大决策的现象依然存在，我们头脑中会有这样的认知，在商业杂志上也可以看到。不过，我们也开始看到一种拥有新智慧人群的进步：**我们崇拜的不是什么事都独立完成的那个人，不是拥有独特视野和才智的那个人，而是理解、包容和充分利用群众判断力，充分利用新工具和新信息，认识到组织机构和网络在提供更优方案方面具有潜在价值的那个人。**我们希望这本书能够成为达尔文进化论中的一部分，推动更多的文明进步。

湛庐文化 Cheers Publishing
a mindstyle business 与思想有关

未来，属于终身学习者

我这辈子遇到的聪明人（来自各行各业的聪明人）没有不每天阅读的——没有，一个都没有。巴菲特读书之多，我读书之多，可能会让你感到吃惊。孩子们都笑话我。他们觉得我是一本长了两条腿的书。

——查理·芒格

互联网改变了信息连接的方式；指数型技术在迅速颠覆着现有的商业世界；人工智能已经开始抢占人类的工作岗位……

未来，到底需要什么样的人才？

改变命运唯一的策略是你要变成终身学习者。未来世界将不再需要单一的技能型人才，而是需要具备完善的知识结构、极强逻辑思考力和高感知力的复合型人才。优秀的人往往通过阅读建立足够强大的抽象思维能力，获得异于众人的思考和整合能力。未来，将属于终身学习者！而阅读必定和终身学习形影不离。

很多人读书，追求的是干货，寻求的是立刻行之有效的解决方案。其实这是一种留在舒适区的阅读方法。在这个充满不确定性的年代，答案不会简单地出现在书里，因为生活根本就没有标准确切的答案，你也不能期望过去的经验能解决未来的问题。

湛庐阅读APP：与最聪明的人共同进化

有人常常把成本支出的焦点放在书价上，把读完一本书当做阅读的终结。其实不然。

时间是读者付出的最大阅读成本
怎么读是读者面临的最大阅读障碍
“读书破万卷”不仅仅在“万”，更重要的是在“破”！

现在，我们构建了全新的“湛庐阅读”APP。它将成为你“破万卷”的新居所。在这里：

- 不用考虑读什么，你可以便捷找到纸书、有声书和各种声音产品；
- 你可以学会怎么读，你将发现集泛读、通读、精读于一体的阅读解决方案；
- 你会与作者、译者、专家、推荐人和阅读教练相遇，他们是优质思想的发源地；
- 你会与优秀的读者和终身学习者为伍，他们对阅读和学习有着持久的热情和源源不绝的内驱力。

从单一到复合，从知道到精通，从理解到创造，湛庐希望建立一个“与最聪明的人共同进化”的社区，成为人类先进思想交汇的聚集地，共同迎接未来。

与此同时，我们希望能够重新定义你的学习场景，让你随时随地收获有内容、有价值的思想，通过阅读实现终身学习。这是我们的使命和价值。

湛庐文化 Cheers Publishing
a mindstyle business 与思想有关

湛庐阅读APP玩转指南

湛庐阅读APP结构图：

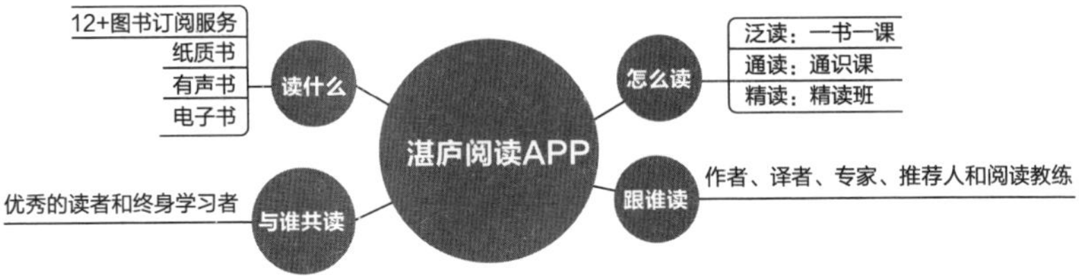

三步玩转湛庐阅读APP：

读一读 ▼

湛庐纸书一站买，
全年好书打包订

听一听 ▼

泛读、通读、精读，
选取适合你的阅读方式

扫一扫 ▼

买书、听书、讲书、
拆书服务，一键获取

APP获取方式：

安卓用户前往各大应用市场、苹果用户前往APP Store
直接下载“湛庐阅读”APP，与最聪明的人共同进化！

湛庐文化 Cheers Publishing
a mindstyle business 与思想有关

使用APP扫一扫功能，遇见书里书外更大的世界！

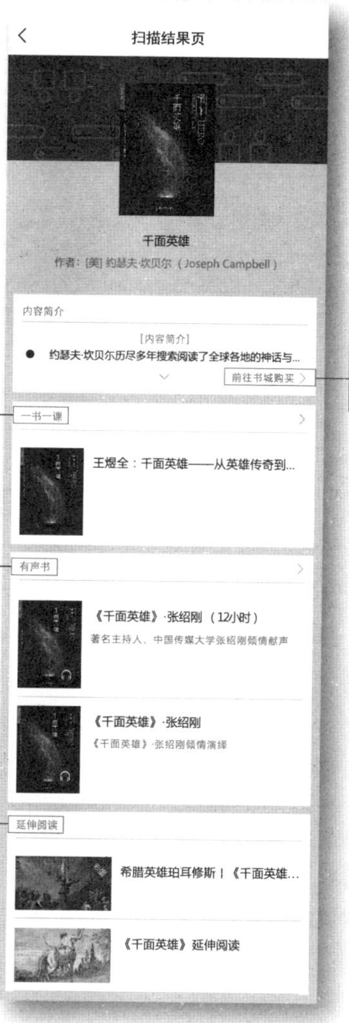

快速了解本书内容，
湛庐千册图书一键购买！

大咖优质课、
献声朗读全本一键了解，
为你读书、讲书、拆书！

你想知道的彩蛋
和本书更多知识、资讯，
尽在延伸阅读！

湛庐文化 Cheers Publishing
a mindstyle business 与思想有关

延伸阅读

《人机共生》

◎ 托马斯·达文波特智能商业五部曲之一。智能时代振奋人心之作，独家揭秘智能时代人类胜出智能机器的5大策略。

◎《金融时报》年度十佳商业图书、麦肯锡CEO年度书单。

使用“湛庐阅读”APP，“扫一扫”获取本书更多精彩内容

ISBN 978-7-213-08452-2

《数据化转型》

◎ 托马斯·达文波特智能商业五部曲之二。本书是一本宝贵的商业实战指南，展示了未来商业的智能场景，为各行各业的大数据实现真正的利益变现提供帮助。

◎《福布斯》《金融时报》鼎力盛赞。

使用“湛庐阅读”APP，“扫一扫”获取本书更多精彩内容

ISBN 978-7-213-08456-0

《成为数据分析师》

◎ 托马斯·达文波特智能商业五部曲之三。如果你一看数字和统计就头疼、不知其所云，那么此书正是为你而做，它会让你快速地掌握数据分析的必备技能，强化分析思维，在竞争中领先群伦。

使用“湛庐阅读”APP，“扫一扫”获取本书更多精彩内容

ISBN 978-7-213-08622-9

《工作中的数据分析》

◎ 托马斯·达文波特智能商业五部曲之四。本书旨在揭示未来以数据为导向的企业应该具备的能力，并用一个模型来阐述企业构建数据分析能力的具体步骤。

使用“湛庐阅读”APP，“扫一扫”获取本书更多精彩内容

ISBN 978-7-213-08658-8

《大决策》

◎ 托马斯·达文波特智能商业五部曲之五。本书是一本实用决策指南，在网络时代，每个人都会被身边的各种数据包围或困扰，本书旨在教会企业或个人如何利用身边的数据做出正确的决策，解决棘手问题。

使用“湛庐阅读”APP，“扫一扫”获取本书更多精彩内容

ISBN 978-7-213-08674-8

Judgment calls: Twelve Stories of Big Decisions and the Teams That Got Them Right / Thomas H. Davenport and Brook Manville.

Published by arrangement with Harvard Business Review Press

图书在版编目（CIP）数据

大决策 /（美）达文波特，曼维尔著；盛杨燕译．—杭州：浙江人民出版社，2018.2

ISBN 978-7-213-08674-8

Ⅰ．①大… Ⅱ．①达… ②曼… ③盛… Ⅲ．①经营决策 Ⅳ．① F272.31

中国版本图书馆 CIP 数据核字（2018）第 041471 号

浙江省版权局
著作权合同登记章
图字：11-2017-307 号

上架指导：经济管理 / 智能商业

本书法律顾问　北京市盈科律师事务所　崔爽律师
张雅琴律师

大决策

[美] 托马斯·达文波特　布鲁克·曼维尔　著
盛杨燕　译

出版发行：浙江人民出版社（杭州体育场路 347 号　邮编　310006）
市场部电话：（0571）85061682　85176516
集团网址：浙江出版联合集团　http://www.zjcb.com
责任编辑：郦鸣枫
责任校对：张谷年
印　　刷：河北鹏润印刷有限公司
开　　本：720 毫米 ×965 毫米 1/16　　印　　张：16.25
字　　数：230 千字　　插　　页：5
版　　次：2018 年 3 月第 1 版　　印　　次：2018 年 3 月第 1 次印刷
书　　号：ISBN 978-7-213-08674-8
定　　价：72.90 元

如发现印装质量问题，影响阅读，请与市场部联系调换。